Dirk Bach
Vegetarisch Schlemmen

Dirk Bach

Vegetarisch Schlemmen

Die Abkürzungen in den Rezepten bedeuten:
EL = Esslöffel
TL = Teelöffel
Bd. = Bund
Bl. = Blatt
Msp. = Messerspitze
Päck. = Päckchen
Pr. = Prise
Stk. = Stück
TK = Tiefkühlkost
Tr. = Tropfen

Wenn nicht anders angegeben, sind die Rezepte für vier
Personen berechnet.

Bibliografische Information Der Deutschen Bibliothek
Die Deutsche Bibliothek verzeichnet diese Publikation in der Deutschen
Nationalbibliografie; detaillierte bibliografische Daten sind im Internet über
http://dnb.ddb.de abrufbar.

© Egmont vgs verlagsgesellschaft mbH, Köln 2005

Alle Rechte, insbesondere das Recht der Vervielfältigung und Verbreitung,
vorbehalten. Kein Teil des Werkes darf in irgendeiner Form (durch Fotokopie,
Mikrofilm oder ein anderes Verfahren) ohne schriftliche Genehmigung des
Verlages reproduziert oder unter Verwendung elektronischer Systeme verarbeitet, vervielfältigt oder verbreitet werden.

Idee und Producing: ditter.projektagentur gmbh, www.ditter.net
Texte: Dirk Bach, Bernd von Fehrn
Textredaktion für ditter.projektagentur: Irina Ditter-Hilkens
Rezepte nach Vorgabe Dirk Bachs: Uwe Multhoff
Verlagsredaktion: Stefanie Koch, Michael Büsgen
Gestaltung: Michael Ditter
Verlagsherstellung: Annette Hillig

Fotografie: Ruprecht Stempell, www.stempell-photographie.de
Fotoassistenz: Martin Wehling
Requisite: Tante Emma Filmausstattung
Visagisten: Thorsten Esser, Jutta Burkhardt (Cover)
Kostüme: Hazy Hartlieb, raloth Kostüm + event; www.raloth.de
Foodstyling: Sonja Schubert
Rezeptküche: Uwe Multhoff

Printed in Germany
ISBN 3-8025-1680-X

www.vgs.de

INHALT

Vorwort 6

Einleitung 10

Daheim und Zuhause 60

Meine Grundlagen für vegetarisches Schlemmen 14

Für, mit und von Freunde(n) 92

Bei der Arbeit 26

Auf Reisen und außer Haus 130

Anhang 158

Ich sammle Kochbücher!

Und das schon seit Jahren. Je ausgefallener, desto besser. Vor allem die Kochbücher prominenter Personen haben es mir angetan. Miss Piggys Kochbuch gehört da sicher zu den Prunkstücken. Aber auch Gladys Knights Diabetes-Kochfibel oder die Bücher von Sophia Loren, Loretta Lynn (das besitze ich sogar als handsigniertes Exemplar), den Peanuts oder der Köchin von Elvis Presley (auch handsigniert) sind kleine Schätze in meiner Sammlung. Toll finde ich ja auch immer, wenn Prominente ein Buch zusammen mit ihren Lieblings- oder Privatköchen herausbringen, wie zum Beispiel die amerikanische Talkshow-Queen Oprah Winfrey. In ihrer Brutzel-Bibel grinst die Moderatorin auf jedem Bild artig in die Kamera, steht aber kein einziges Mal selbst am Herd oder rührt wenigstens gnädig in einem der Hochglanz-Töpfe. Schuften muss einzig der Kochgott in Weiß, während Frau Winfrey stets dekorativ und wissend lächelt. Wahrscheinlich hat sie keins ihrer Rezepte jemals selbst gekocht, aber warum auch. Das Buch zeigt wunderschönste Fotos von leckersten Speisen und ich schmökere für mein Leben gern darin. Am Ende bleibt dann ja sogar bei mir etwas Wissenswertes hängen!

Denn als hätten Sie's nicht schon geahnt, kann auch ich eigentlich nicht kochen. Im Gegenteil, am Herd mache ich wahrlich keine gute Figur. Wenngleich ich gerne am Herd stehe und zugucke, wie andere etwas Hübsches zubereiten. Glücklicherweise gibt es viele wunderbare Menschen in meinem Umfeld, die die vortrefflichsten Speisen zaubern können. Allesamt fleischlos und zur unbedingten Nachahmung empfohlen. So finden Sie in diesem Buch Rezepte von Freunden und Wegbegleitern von mir, von Caterern und Köchen und solche Rezepte, die ich auf Reisen schätzen und lieben gelernt habe und die unbedingt in dieses Buch mussten, weil sie für hiesige Vegetarier eine absolute Bereicherung auf der Speisekarte darstellen. Selbstredend gibt es aber auch echte Original-Dirk-Bach-Rezepte auf den kommenden Seiten. Bei denen werden Sie merken, dass ich meinem Ruf als „Meister des Verfeinerns" in jeder dieser Kochanleitungen immer wieder gerecht werde. Denn der Schwerpunkt meiner Lieblingsrezepte liegt eindeutig auf dem Wort „Schlemmen". Überzeugter Vegetarier zu sein heißt für mich noch lange nicht darben oder Entbehrungen erleiden zu müssen. Ich meine, sehe ich aus, als bekäme ich nicht genug zu essen?

Fleischlose Küche kann ohne Probleme hundertprozentigen Genuss bedeuten. Und selbst Spät-Konvertierer wie ich, die in ihrer Jugend durchaus Fleisch gegessen haben und sich bis heute nach bestimmten Geschmacksrichtungen aus dieser Zeit sehnen, müssen keine Bange haben. Auch sie kommen in der großen Veggie-Welt – und auch in diesem Buch – voll auf ihre Kosten: Denn mittlerweile gibt es eine wahre

Flut von Alternativ-Produkten, die sich an Ex-Fleischesser richten und die – obwohl rein pflanzlich hergestellt – so täuschend echt schmecken, dass man damit die eigenen Geschmacksnerven wirklich reinlegen kann.

Und da ich ein wahrer Fan jeglichen Fertiggerichts und aller möglichen vegetarischen Convenience-Food-Produkte bin, habe ich fast alle von ihnen ausprobiert. Die köstlichsten und meiner Meinung nach empfehlenswertesten haben natürlich ihren Weg in dieses Buch gefunden. Ohne solche Produkte wie z. B. Veggie-Bratwürste, Hacksteaks, Chicken-Style-Bratlinge usw., die ich natürlich nie einfach nur so zubereite, sondern ganz nach „Meister des Verfeinerns"-Art immer abwandle oder mit anderen kombiniere, wäre ich in meiner Küche wirklich aufgeschmissen. So aber stehe ich selbst gerne am Kochtopf. Und freue mich, dass jetzt erstmals alle meine eigenen Kochideen neben den herrlichsten vegetarischen Gerichten, mit denen man mich in den letzten Jahren beglückt hat, in einem Buch versammelt sind.

Viele der Rezepte, allen voran meine eigenen, sind ganz leicht nachzukochen. Schrecken Sie aber auch nicht vor den etwas aufwändigeren zurück, bei denen man mit furchtbar viel frischem Gemüs und Gezeugs hantieren muss. In der Regel habe ich in meinen Anmerkungen immer noch einige Tipps, Alternativen und Kniffe parat, wie ich mir (und somit auch Ihnen, liebe Leser) kompliziertere Rezepte kommod und einfach mache; indem ich z. B. einige frische Zutaten weglasse und einfach durch ein Fertigprodukt ersetze.

Man muss doch zwischendurch auch mal an die arme Konserven- und Tiefkühlindustrie denken. Die brauchen doch auch unsere Hilfe. Ja, ich will mit diesem Buch auch eine Lanze brechen für die Menschen, für die das Verwenden von Fertig- oder Tütenprodukten zum täglichen Ess-Alltag dazugehört. Es muss wahrlich nicht immer jede Zutat marktfrisch und hochgesund sein, eine leckere Tiefkühlpackung tut's doch auch.

Allerdings kontrolliere ich bei der Verwendung von Fertigmischungen oder -produkten immer sehr akribisch die Zutatenliste. So manches Mal verbirgt sich nämlich hinter irgendeinem unaussprechlichen Geschmacksverstärker durchaus eine tierische Essenz, auf die ich um jeden Preis verzichten will. Eine genaue Übersicht dieser tückischen unerwünschten Störenfriede finden Sie auf den Internetseiten www.peta.de und www.vegan.de. Eine wunderbare A–Z-Übersicht aller tierischer Inhaltsstoffe lässt sich anklicken auf der Website www.veganissimo.vegan.de/band1/. Zum Glück ist ein Großteil der Fertigprodukte in dieser Hinsicht unbedenklich und somit ein Dauergast in meiner Küche. Allerdings schreien die meisten dieser 1-2-3-Fertigmahlzeiten nach einer ganz individuellen Verfeinerung à la Bach, um schließlich ein kulinarischer Hochgenuss zu werden. Ich sage nur: Kartoffelpüree aus der Tüte mit ein paar weiteren Gewürzen, einem Hauch mehr Milch und doppelt so viel Butter. Unwiderstehlich.

Ich wünsche Ihnen auf jeden Fall schon jetzt viel Spaß beim Neuentdecken der vegetarischen Küche, beim ausgiebigen Schlemmen, beim Schmökern und Durchblättern dieses Buches und sage beherzt und gut gelaunt: Guten Appetit!

Wissen Sie, warum Kinderwurstscheiben bunte Gesichter haben?

Um den Kleinen die verständliche Angst vor Fleisch zu nehmen. Das ist definitiv der einzige Grund. Kein noch so herzloses Kind isst freiwillig ein Stück von einem Tier, das noch wenige Monde zuvor auf vier Beinen durch's Leben spaziert ist. Kinder sind per se erst einmal skeptisch. Und das ist auch gut so. Ein einladendes „Los, komm schon und iss mich"-Grinsen dagegen, tätowiert auf eine Fleischwurstscheibe, senkt die Hemmschwelle bei Kindern erheblich ab. So beißen sie dann genussvoll zu und der Teufelskreis schließt sich.

Auch ich war ein sehr skeptisches Kind, was den Verzehr von Fleisch anbetrifft. Allerdings ging's mir bei Gemüse ganz ähnlich. Davor nämlich hatte ich regelrecht Angst. Das brachte so einige Probleme mit sich. Zum einen verweigerte ich den Verzehr von allem, was auch nur ansatzweise – vor allem von der Optik her – an seine tierische Herkunft erinnerte. Dafür hatte ich Tiere einfach zu gern. Zum anderen ließ sich so gut wie kein Gemüse finden, das ich auf meinem Teller duldete, geschweige denn, das zu essen ich bereit war. Wie meine Mutter das durchstehen konnte, ist mir bis heute ein Rätsel, zumal meine Schwester schon allein aus Solidarität genau das gleiche äußerst selektive Essverhalten an den Tag legte. Ich erinnere mich noch gut an die obligatorischen Hollandferien der Familie Bach. Und an die Sorgenfaltengräben im Gesicht meiner Eltern, die Tag für Tag verzweifelter wurden, weil sie nicht mehr wussten, was sie uns beiden einflößen sollten. Wir waren beide bei Tisch wirklich nicht gerade pflegeleicht – ich übte mich in stoischer Nahrungsverweigerung und meine arme Schwester, die zumindest netterweise noch den Versuch unternahm, gesundes Grünzeugs zu sich zu nehmen, übergab sich immer wieder gepflegt und regelmäßig.

Die Geheimwaffe meiner Mutter hieß Milch. Literweise. Fast 15 Jahre lang mussten meine Schwester und ich tagtäglich mindestens einen Liter Vollmilch trinken. Meine Mutter meinte wohl, so den Mangelerscheinungen aufgrund unserer recht einseitigen Ernährung halbwegs beizukommen. Wahrscheinlich habe ich daher auch meine prächtige Obelix-Figur. Ich bin vielleicht nicht in den Zaubertrank gefallen, definitiv aber in einen riesigen Topf kalter Milch, von dem ich heute noch zehre.

Diesem Umstand ist es sicher auch zu verdanken, dass ich bis zum heutigen Tag nur kalte Getränke zu mir nehmen kann. Außer Milch versteht sich – die trinke ich schon zu Zwecken der Vergangenheitsbewältigung gar nicht mehr. Wahrscheinlich ist aber noch ausreichend Restmilch in meinem Körper, dass es auch in 50 Jahren noch nicht zu Mangelerscheinungen kommt.

Meine Schwester und ich gehörten seinerzeit eben zur schwierigen Post-Nachkriegsgeneration, bei der sich die Eltern nicht mehr mit dem „Gibt's auch genug zu essen für alle"-Problem herumschlagen mussten. In meiner Jugend setzte just die nächste Phase ein. Die der Maßregelungen. Lebensmittel waren wieder zuhauf da, aber jetzt sorgten sich Mütter um das „Wann?", „Wie?" und „Was ist denn wohl das Richtige für meine Schützlinge?" bei den Mahlzeiten. In diesen Tagen wurde übrigens auch das „Trimm-Dich"-Männchen geboren. Keine schöne Zeit, um bequem groß zu werden.

Übrigens hat meine Mutter auch nicht so besonders gern gekocht. Dafür spürte sie immer die neuesten Fertigprodukte auf. Eine Eigenschaft, die sie eins zu eins an mich weitergegeben hat. Sie wollte das Essenkochen auch immer möglichst schnell und unkompliziert über die Bühne bringen. Dagegen hat sie sich umso intensiver auf ihre Kunst- und Kulturinteressen gestürzt und mich netterweise schon früh mit dieser wunderbaren und für mich wegweisenden Materie vertraut gemacht.

Wenn allerdings wirklich mal Gäste bei uns angemeldet waren, kramte meine Mutter aus irgendwelchen versteckten Kammern ihres Selbst ein unglaubliches Gastgebertalent. Da gab's kein Halten mehr. Sie stand tagelang in der Küche, machte und tat und tischte schließlich Speisen und Getränke auf als gäb's kein Morgen. Diese Gene haben sich bei mir ebenfalls durchgesetzt. Auch ich bin als Über-Gastgeber verschrien und werde despektierlich und doch liebevoll „Der Party-Mäster" genannt. Wenn ich ein Dutzend Freunde eingeladen habe, wird in der Regel halb Köln satt. Wobei es für mich wirklich die grausamste aller Vorstellungen ist, Gäste zu haben und erleben zu müssen, dass es zu wenig zu essen oder zu trinken gibt. Das wäre das Schlimmste.

Die einzigen Speisen, mit denen man mich und meine Schwester früher immer glücklich machen konnte, waren Rührei und Spinat. Als Reminiszenz an meine kulinarisch-komplizierte Jugend durfte ich übrigens später in einer von Helmut Seliger geschriebenen Bonn-Revue eine Szene als „Das Mädchen mit den dicken Zöpfen und den Rühreibroten" spielen. Ähnlichkeiten mit realen Personen oder Geschehnissen waren seinerzeit durchaus beabsichtigt.

Kartoffeln und Nudeln wurden ebenfalls schon früh meine Freunde. Alles andere hatte wenig Chancen. Käse zu essen musste ich regelrecht lernen. Ich konnte mir anfangs nicht vorstellen, dass etwas, was oft dermaßen übel riecht, trotzdem so gut schmecken kann. Gemüse riss mich eh nicht vom Hocker und Obstiges war auch nicht sonderlich mein Fall. Nur Mandarinen konnte ich zu jeder Tages- und Nachtzeit essen. Leider waren die damals Saisonfrüchte, so dass ich die übrigen neun Monate auf dem Trockenen saß.

Ich glaube, ich war 15, als ich zum ersten Mal ein Stück Salami aß. Nicht dass man mich dazu gezwungen hätte. Jetzt im Nachhinein mag es blöd klingen, aber ich habe für mich durchaus eine Art gesellschaftlichen Druck verspürt, auch Fleisch zu essen. Abgesehen davon wäre ich ohne Fleischprodukte wahrscheinlich verhungert, weil ich um die meisten Gemüsesorten ja auch weiterhin einen großen Bogen gemacht habe. Also wurde ich Sichtvegetarier und habe – neben Kartoffeln, Nudeln und ausgewähltem Gemüse – nur die Dinge gegessen, denen man nicht ansehen konnte, dass sie von einem Tier stammten, wie z.B. Frikadellchen, Würste, Pasteten und Aufschnitt. Über die Absurdität des Ganzen müssen wir hier nicht reden. Ich habe mir wirklich vorgemacht, ein Brot mit dick Leberpaté bestrichen würde weniger moralisches Unheil anrichten als ein halbes Imbiss-Hähnchen, dem man ansah, dass es sich dabei wirklich um einen ehemaligen Vogel handelte.

Aber ohne meine heiß geliebte Currywurst oder ein lecker Frikadellchen so zwischendurch hätte ich einfach nicht sein mögen. Vor 20 Jahren gab es eben noch keine so herrlichen Veggie-Produkte, die einem das Verzichten auf Fleisch leicht machten. Und da ich selbst außer „Kartoffelpü mit Würstchen", Sauerkraut und Omelettes lange Zeit eigentlich gar nichts kochen konnte, blieb oft nur in einen Imbiss zu gehen oder auf ein Fertiggericht auszuweichen.

Im Zusammenleben und -wohnen mit Hella von Sinnen hat sich daran auch nicht viel geändert. Außer dass ich immer bestens bekocht wurde, da Hellas damalige Freundin Sabine eine exzellente Köchin war, die sich auch für mich immer die größte Mühe gab. Sie machte vor keinem Rezept halt und probierte immer wieder neue exotische Gerichte aus. Bei ihr habe ich Gemüsesorten kennen, essen und tatsächlich auch lieben gelernt, von denen ich vorher nicht mal wusste, dass es sie gab. Sabine war keine Vegetarierin, ebenso wie Hella nicht. Beide wussten aber um meine Abscheu vor offensichtlich Tierischem. Also hat Sabine unsere Teller immer schon in der Küche vor dem Servieren optisch kräftig manipuliert. Wenn's Hähnchen gab, wurde das vor dem Auftragen bis zur Unkenntlichkeit seziert und zerrupft und mit köstlichsten Saucen übergossen bzw. unter Kartoffeln oder Nudeln versteckt, so dass ich beruhigt mitessen konnte. Das war gelebter Sichtvegetarismus in höchster Vollendung!

Sie merken schon, es hat seine Zeit gedauert. Aber irgendwann, Mitte der 1990er, habe ich auch den letzten für mich entscheidenden Schritt getan und die einzig logi-

12   Einleitung

sche Konsequenz gezogen: nämlich zur Gänze auf Fisch und Fleisch zu verzichten. Im Kopf war die Entscheidung längst herangereift. Als ich dann aber in einem recht erlesenen amerikanischen Restaurant auch noch in ein Würstchen biss und in diesem ersten Bissen einen bis heute undefinierbaren, fingerkuppengroßen Gegenstand vorfinden musste, der da definitiv nicht reingehörte, war es wirklich ein Leichtes, meinen Vorsatz auch in die Tat umzusetzen.

Ich bin jetzt seit gut zehn Jahren Vegetarier. Und das aus vollem Herzen. Allerdings kein Veganer, denn auf die Produkte, die die lieben Tierchen freiwillig abgeben (wie Milch, Eier und Käse), mag ich bis heute nicht verzichten. Bei Käse allerdings achte ich immer darauf, dass dieser definitiv ohne Lab (auch Rennin oder Chymosin genannt) hergestellt wurde. In der industriellen Käseherstellung nämlich wird ganz häufig Kälberlab als Gerinnungsenzym verwendet. Und da die kleinen Kälbchen das ganz sicher nicht so mir nichts dir nichts zur Verfügung stellen, sollte man immer auf Lab-freien Käse bestehen, der in gut sortierten Supermärkten, Käsefachgeschäften, Bioläden und Reformhäusern erhältlich ist.

Sehr wohl verzichten kann ich dagegen auf Pelz- und Lederwaren, was ich ja auch in mehreren Kampagnen für die PETA („People for Ethical Treatment of Animals") hoffentlich sehr deutlich gemacht habe (und das auch in Zukunft weiter tun werde). Wenn ich was tue, dann mache ich es nun mal mit ganzem Herzen.

Knapp ein Jahr vor meinem endgültigen Schritt, Vegetarier zu werden, besuchte Dan Matthews, PETA-Mitarbeiter und bester Freund der ebenfalls höchst engagierten PETA-Aktivisten Pamela Anderson und „Pretenders"-Frontfrau Chrissie Hynde, eine unserer „Lukas"-Aufzeichnungen. Er kam, sah und siegte. Seit dieser Begegnung bin ich aktives Mitglied der PETA, und auch in meinen Kollegen Katja Bellinghausen, Hansjoachim Krietsch und Maria de Bragança fand die Organisation tatkräftige Mitstreiter.

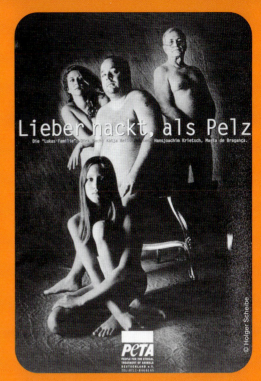

Die PETA-Kampagne der „Lukas"-Crew.

Am 09. September gab's in New York den „Humanitarian Award" von PETA, überreicht von „Golden Girl" Rue McLanahan. Auf dem Bild sieht man leider nur Georg Uecker, meinen Gatten Thomas mit einer Gene-Simmons-Hommage, mich und im Hintergrund Jasmin Wagner. Es waren aber auch noch Paul McCartney, Charlize Theron, Kid Rock, Thomas D., Chrissie Hynde, Marcus Schenkenberg, Ricky Lake und Oliver Pocher da! Aber die waren gerade auf der anderen Seite des Saals – betrunken!

Meine Grundlagen für vegetarisches Schlemmen

„Kochen nach Farben" ist schon immer mein Hauptziel in der Küche gewesen. Wenn schon das Auge mitessen soll, dann will ich ihm auch was bieten. Eine Farbe allein, das ist doch langweilig. Nehmen wir doch nur mal die Farbe „grün". Das meiste Gemüse ist ja nun mal grün. Wenn diese Farbe schon sinnbildlich für „Hoffnung" steht, so gilt das bei mir allenfalls für die eine Hoffnung, dass eben nicht so viel „Grünes" auf meinem Teller liegt.

Und wenn, dann bitte mit anderen Farben kombiniert. Das meiste Gemüse ist ja sowieso erst dann richtig lecker, wenn man es nicht mehr als solches erkennt. Wenn es schönst frittiert oder in leckeren Tunken und Saucen ertränkt wird. Oder wenn man es mit einem köstlichen, möglichst andersfarbigen Produkt kombiniert.

Zum Beispiel mit einem leckeren Bonanza-Hacksteak, mit knackigen Grillwürstchen, würzigem Leberkäse, mit einem Cevapcici-Röllchen, einem saftigen Cordon bleu oder mächtig panierten Hähnchen-Nuggets. Ob Sie's glauben oder nicht, alle diese Köstlichkeiten gibt es mittlerweile auch auf komplett vegetarischer Basis. Und das Gros davon schmeckt fantastisch gut. Mein besonderer Dank daher an dieser Stelle an so begnadete Unternehmen wie Viana, Granovita, Dr. Nemec, Tivall, Tartex, BioSmile, FitFood, Vegetaria und Eden, ohne deren Produktpalette mein Leben wirklich trist und genussfrei wäre (die Bezugsquellen all dieser wunderbaren Fleischalternativen sind im Anhang des Buches aufgelistet).

Die gesamte hier gezeigte Platte sieht zwar aus wie das Ergebnis einer Massentierschlachtung, ist aber in Wahrheit nur ein kleiner Abriss dessen, was in Sachen VeggieFleisch mittlerweile in Bioläden, Reformhäusern und gut sortierten Supermärkten erhältlich ist. Allein sich durch die „Tartex"-Pasteten-Palette durchzufuttern dauert Wochen – so viele verschiedene Aufstriche gibt es da. Klasse auch die unglaublich gelungene und vielfältige Aufschnittpalette – garantiert fleischfrei – der Firma BioSmile.

Mein absoluter Geheimtipp für mich als Riesenfan von Gehacktem: die Veggie-Hack-Blöcke des Online-Versands Dr. Nemec, die man für jede Bolognese oder auch zum Selbstmachen herrlichster Frikadellen verwenden kann. Von Dr. Nemec stammt auch die vegetarische Mettvariante, die so täuschend echt schmeckt, dass ich beim ersten Probieren panisch wurde und wieder und wieder das Etikett überprüfen musste. Aus Angst, einen „tierischen" Fehler begangen und versehentlich doch echtes, durchgedrehtes Fleisch vertilgt zu haben.

„Ob Sie's glauben oder nicht, diese Schlachtplatte ist wirklich komplett vegetarisch!"

In der Veggie-Welt gibt es Leberwurst-Imitate mit leckeren Preiselbeeren, fleischlose Schmalztöpfe und Hot-and-Spicy-Rindswürste (und doch garantiert ohne Rindfleisch) – für jeden Gaumen ist etwas dabei. Und die mittlerweile vielen unterschiedlichen Anbieter machen es heutzutage möglich, genau die Geschmacksrichtung zu finden, die hundertprozentig Ihren ganz individuellen Nerv trifft. Da ist eben Probieren angesagt. Tendenziell sind die vegetarischen Schnitt- oder Streichwürste meiner Erfahrung nach aufgrund ihres geringeren Fettgehalts allesamt einen Tick trockener als herkömmliche Wurst. Das ist aber kein Problem, sondern leistet eher meinem Bestreben nach Kombinationen und Verfeinerungen Vorschub. Veggie-Wurst eignet sich nämlich bestens zum Kombinieren mit tollen Dips, leckeren Chutneys und herzhaften Aufstrichen. Ein paar davon habe ich Ihnen jetzt mal zusammengestellt.

KETSCHUP UND MAJONÄSE

Was wäre meine Jugend nur ohne diese beiden Hauptnahrungsmittel gewesen. Ketschup und Majonäse – die Grundsaucen meiner Generation. Und die entscheidenden Farbgeber für Pommes rot-weiß. Wir hatten ja damals nichts anderes. Immerhin waren wir so erfinderisch, die beiden Saucen miteinander zu vermischen und etwas – manchmal auch etwas mehr – Cognac unterzurühren. Diese Cocktailsauce war auf Partys der Renner. Und schmeckte im Ernstfall auch ohne Pommes.

KETSCHUP

250 g Tomatenmark
125 g Zucker
30 g Currypulver
1/2 Tasse Gurkenwasser oder
   2 EL Branntwein-Essig

1/4 l Wasser
1 Prise Salz
1 Prise Pfeffer
1/4 Glas gutes Apfelmus oder
   selbst gekochtes Mus

Alle Zutaten vermengen und in einem Topf aufkochen lassen. Heiß in Gläser füllen und zudrehen.

MAJONÄSE

2 Eigelb
Salz
1 TL Senf

Pfeffer
2 TL Zitronensaft
1/4 l feines Pflanzenöl

Eigelb mit etwas Salz und Senf verrühren. Pfeffer und Zitronensaft zufügen, Pflanzenöl unter ständigem Rühren tröpfchenweise dazugeben.

Variante: Aioli
Statt des Pfeffers eine Msp. Cayennepfeffer sowie eine zerdrückte Knoblauchzehe hinzufügen, den Senf weglassen.

AVOCADO-LIMONENCREME

Wie kommen normal sterbliche Menschen nur darauf, Avocados zu essen? Das ist und bleibt mir ein ewiges Rätsel. Da können sie doch gleich ihre Hautcreme auslöffeln! Bei mir kommt dieses fiese Birnenimitat (zumindest von der Form her) nicht auf den Tisch. Außer die Avocado kommt ihrer wahren Bestimmung nach und wird zu einer leckeren Guacamole verarbeitet. Dafür wiederum lasse ich alles stehen und liegen. Erst recht für diese säuerliche Limonenvariante. Die man aber auch nach Herzenslust abwandeln kann: Probieren Sie doch mal anstelle des Limonensafts Dosen-Ananasstückchen und etwas Ananassaft. Dann wird's eine süßsaure Guacamole mit Karibik-Feeling.

2 mittelgroße reife Avocados	Saft von 2 Limonen
4 Frühlingszwiebeln	1 EL Olivenöl
2 grüne Chilis	150 ml saure Sahne
15 g Koriander	Salz und Pfeffer

Avocados entkernen, schälen und grob zerteilen. Frühlingszwiebeln schälen und hacken, Chilis waschen, entkernen und hacken. Alles zusammen mit den anderen Zutaten in den Mixer geben und grob pürieren. Mit Salz und Pfeffer abschmecken.

WÜRZIGER ERDNUSS-DIP

Ungewöhnlich, aber echt lecker. Wem wie mir der erdnussige Satégeschmack liegt, der kommt hier voll auf seine Kosten. Aber erst Honig und Tabasco machen daraus einen wirklichen Klasse-Dip!

2 Knoblauchzehen	2 EL Honig
1 kleines Stück frischer Ingwer	1 TL Kurkuma
250 g Erdnussbutter	1 TL Tabasco
Saft von 1 Limone	125 ml Wasser
4 EL Sojasauce	Salz und Pfeffer

Knoblauchzehen und Ingwer schälen, Knoblauch zerdrücken und Ingwer reiben. Zusammen mit den restlichen Zutaten in den Mixer geben und glatt rühren. Mit Salz und Pfeffer abschmecken.

KRÄUTER-JOGURT-DIP

„Wie bitte? Frische Kräuter? Etwas Gesundes? Und dann auch noch Jogurt? Möchte Herr Bach das wirklich essen?", fragt jetzt der aufmerksame Leser. Und die Anmerkung ist natürlich auch berechtigt. Dieser Dip hatte es aufgrund seines hohen Grünzeug-Faktors schwer, auf meine Favoritenliste zu kommen. Aber all das ach so gesunde Zeugs cremig verrührt ist ein solches Gedicht, dass selbst ich mich eines Besseren belehren ließ.
Keine Sorge: Frische Kräuter um jeden Preis sind hier keine Notwendigkeit. Tiefgefrorene gehen auch! Und ansonsten gibt es ja immer noch diese praktischen Gewürzmischungen und getrockneten Kräuter…

15 g Petersilie
15 g Basilikum
15 g Schnittlauch
15 g Dill
15 g Kerbel
15 g Estragon
15 g Majoran
15 g Brunnenkresse

15 g Liebstöckel
abgeriebene Schale von 1/2 Zitrone
Saft von 1 Zitrone
200 g Frischkäse
250 g Jogurt
3 EL Olivenöl
Salz, Pfeffer

Kräuter waschen, trockenschütteln und klein hacken. Mit den restlichen Zutaten in den Mixer geben und zusammen glatt pürieren. Mit Salz und Pfeffer abschmecken.

JOGURT-MINZE-DIP

Die wichtigste Tunke für Falafel, Couscous & Co.

1/2 Bund Minze
500 g Jogurt
2 TL Zitronensaft

Die Minze waschen, Blätter abzupfen und fein hacken, zu dem Jogurt geben und gut verrühren. Mit Zitronensaft abschmecken.

DIP MIT KÄSE

Mächtig! Aber auch mächtig lecker! Die Frühlingszwiebel ist ja eigentlich nicht meine Freundin und daher nicht unbedingt ein häufiger Gast in meiner Küche. In kräftigem Käse ertränkt sind Frühlingszwiebeln allerdings ein Genuss. Dann sieht man sie ja nicht mehr!

6 Frühlingszwiebeln
200 g Roquefort oder Gorgonzola
300 ml saure Sahne

1 TL Worcestersauce
Salz und Pfeffer

Frühlingszwiebeln schälen und klein hacken, zusammen mit den restlichen Zutaten in einen Mixer geben und gut pürieren. Mit Salz und Pfeffer abschmecken.

DIP MIT CURRY, KORIANDER UND MANGO-CHUTNEY

Die Mango ist meine unangefochtene Lieblingsfrucht. Das stimmt wirklich – die Mango ist eine der wenigen, wenn nicht gar die einzige Frucht, die ich in wirklich allen Varianten höchst gerne zu mir nehme: ob roh, als Saft oder wie hier lecker verkocht zu einem Chutney. Und Chutneys wiederum finde ich immer und in jeder Zubereitungs-form doll.

15 g Koriander
4 Frühlingszwiebeln
6 EL Mango-Chutney
Saft von 2 Limonen
175 g Frischkäse

250 g Jogurt
1/2 TL Curry
1/4 TL Kurkuma
Salz, Pfeffer
Tabasco

Koriander waschen, trockenschütteln und grob hacken. Frühlingszwiebeln schälen und ebenfalls hacken. Zusammen mit den restlichen Zutaten in einen Mixer geben und gut vermischen. Mit Salz, Pfeffer und Tabasco abschmecken.

ZAZIKI

Was war ich den griechischen Mitbürgern dankbar, als sie in den 1970er Jahren endlich auch hierzulande ihre verlockenden Restaurants und Buden aufmachten. Allerdings waren es nicht die Gyrosberge, die Entzücken in mir auslösten. Vielmehr war ich schwer begeistert, dass meine lieb gewonnen Freunde Ketschup und Majo nun endlich ein adäquates, mediterranes Geschwisterchen bekamen. Den Zaziki.
Aber nicht umsonst bin ich der ungekrönte König der Verfeinerungen. Ich kann meine Fingerchen auch nicht vom Zaziki lassen. Ich rühre nämlich immer noch Nüsse unter. Ein kleiner Handgriff mit großer Wirkung. Der Grieche an sich möge mir diese Verfälschung seiner Nationalspeise verzeihen!

2 Knoblauchzehen	50 g Nüsse
1 Salatgurke	250 g Magermilch-Jogurt
50 g Dill	

Knoblauchzehen schälen und fein hacken, Salatgurke schälen und raspeln. Dill und Nüsse hacken und alle Zutaten mit einem Schneebesen gut verrühren.

SALAT-DRESSING

Bei Salat geht's mir wie bei Schnittblumen – ich hab nicht viel dafür übrig. Zu puristisch. So was gehört aufs Feld und nicht auf den Teller. Wenn allerdings in einem Blumenstrauß hübsche bunte Plastikpüppchen mit eingeklöppelt sind, finde ich so ein Gestrüpp gleich tausendmal schöner. Und so verhält es sich auch mit Rohkost. Salate schmecken mir nur dann, wenn man dem faden Grünzeug noch eine richtige Note beimischt. Massenweise Croûtons zum Beispiel. Oder aber dieses wunderbare Dressing.
Das sollte immer in großen Mengen bereitgehalten werden. Denn für mich gehört ein Salat geflutet. Dem Grünzeugs muss das Dressing bis zum Hals stehen!

2 EL Balsam-Essig	6 EL Gemüsebrühe
2 EL Sherry-Essig	Salz, Pfeffer, Zucker
1 EL Sherry	6 EL Olivenöl
1 TL mittelscharfer Senf	2 EL Walnussöl

Das Ganze mit dem Pürierstab gut durchmixen und in eine Flasche abfüllen. Hält sich etwa 14 Tage im Kühlschrank.

CRANBERRY-ORANGEN-DIP

Der mit Abstand beste Dip der Welt. Und das liegt einzig und allein an den Cranberrys. Die finde ich nämlich großartig. Nicht nur zu Saft gepresst im Wodka. Sondern auch als Frucht in den verschiedensten Gerichten. Der unsensible Esser vergleicht Cranberrys ja gerne mal mit den heimischen Preiselbeeren. Aber glauben Sie mir, dieser Vergleich hinkt kolossal. Cranberrys schmecken viel intensiver, sie sind noch dazu größer und viel, viel dicker. Und dicker ist nun mal leckerer.

1 Päckchen Cranberrys à 250 g
Saft und Schale von 2 Orangen
4 Kapseln Kardamom
2 Stück Sternanis

1 Zimtstange
6 EL Ahornsirup
1 Prise Salz
1 TL Stärkemehl

Cranberrys waschen und zusammen mit der Orangenschale, dem Saft, Kardamom, Sternanis und Zimt in einen Topf geben und langsam zum Kochen bringen. Die Sauce ca. 15 Minuten bei kleiner Hitze köcheln lassen, dann mit Ahornsirup und einer Prise Salz abschmecken.
Die Stärke mit 2 EL Wasser glatt rühren, in die Sauce geben und einmal aufkochen lassen, bis die Sauce eindickt. Vor dem Servieren die Gewürze entfernen.

Meine Grundlagen für vegetarisches Schlemmen

ROMESCO-SALSA

Diese Salsa ist spanischen Ursprungs. Man kann sie auch prima abwandeln: Probieren Sie mal statt der Mandeln angeröstete Macadamianüsse oder ersetzen Sie die Hälfte der Menge an Mandeln durch Haselnüsse!
Und halten Sie sich bloß nicht akribisch an die Mengenvorgaben. Erst recht nicht beim Knoblauch und beim Wein. Mehr ist manchmal wirklich mehr!

4 Tomaten
6 Knoblauchzehen
5 cm dicke Scheibe altbackenes Brot
2 EL Olivenöl
75 g blanchierte Mandeln
1/4 TL Cayennepfeffer

2 EL Sherry-Essig
2 EL Rotwein
Salz, Pfeffer
2 getrocknete Chilis

Die Tomaten und den Knoblauch bei 175° C in einer feuerfesten Form in den Ofen geben und 30 Minuten garen. Danach Knoblauch schälen, Tomaten häuten, entkernen und beides grob hacken.
Das Brot würfeln und zusammen mit den Mandeln bei mittlerer Hitze in Öl goldbraun braten.
Dann alle Zutaten in die Küchenmaschine oder in den Mixer geben und pürieren. Bei Bedarf etwas Wasser zugeben. Eventuell mit Salz und Pfeffer nachwürzen.

Bei der Arbeit

Und dann erbrach ich mich in meine Perücke...

Egal ob bei Dreharbeiten, bei Theaterproben oder meinen Büroaktivitäten – mir geht's eigentlich immer gut, wenn ich arbeiten kann. Und da sind mir kleine Imbisse zwischendurch immer herzlichst willkommen. In Maßen zwar, aber doch bitte in regelmäßigen Abständen. Meine geliebte Freundin Hella von Sinnen verweigert ja jegliche Nahrung bei der Arbeit, aber ich finde einen kleinen Happen hie und da nicht verkehrt.
Mittlerweile habe ich jedoch für mich herausgefunden, dass ich in den letzten drei Stunden vor einer Theateraufführung nichts mehr essen sollte. Denn sonst fliegt alles wieder raus.
Ich musste das am eigenen Leib erfahren, inmitten einer „Geierwally"-Aufführung. Die „Schneegeister"-Szene stand an, als mein Magen mir plötzlich und unerwartet recht fremdartige Signale schickte. So etwas hatte ich noch nie zuvor erlebt. Binnen einer Zehntelsekunde wurde mir so unendlich schlecht, dass ich mich übergeben musste. Nun wollte ich damit weder das Publikum beglücken noch das Stück unterbrechen, also riss ich mir kurzerhand die Perücke vom Kopf und entleerte mich ziemlich enthemmt in das Zweithaar. Mein Glück war, dass danach nur noch das Unterwasserballett kam, bei dem man nur noch meine Beine sah. Seit dieser Vorstellung jedoch halte ich mich strikt an die Faustregel, die letzten drei Stunden vor einer Aufführung nichts mehr zu essen.
Und so ist man dann ja leider immer wieder verlockt, das Ritualessen spätabends nach einer Vorstellung einzunehmen. Dann schmeckt's wirklich immer am besten, aber um die Uhrzeit wandert wirklich jeder Bissen direkt auf die Hüfte. Hüfte ist gut. Ich hatte noch nie eine...

V.l.n.r.:
Billie Zöckler und ich präsentieren Alfred einen holländischen Käse – noch lange lange vor „Alfredissimo" („Showbühne", 1982).

Bei der „Lukas"-Abschlussfeier. Die Lebkuchenherzen habe ich übrigens verschenkt, nicht gegessen! Das Skelett auf dem Pullover macht leider nicht wirklich schlank.

3 Jahre „Disney's Schöne und das Biest". Eine gigantische Jubiläumstorte. Aus köstlichster Pappe!

Verblüffend war es ja immer bei den Musicalproduktionen, z. B. bei „Der Glöckner von Nôtre-Dame" zusammen mit Gayle Tufts und Ralph Morgenstern. Während wir drei diszipliniert vor der Vorstellung stundenlang hungerten und allenfalls literweise Wasser schluckten, um nicht zu dehydrieren, futterten die übrigen Sänger und Tänzer bis wenige Minuten vor dem Auftritt tapfer weiter. Alles, was nicht niet- und nagelfest war, haben die gegessen und hatten trotzdem bildschöne Körper mit Traummaßen. Wahrscheinlich verbrennen diese unglaublich hart arbeitenden Menschen bei ihren acht Vorstellungen pro Woche so extrem viel, dass sie die Nahrung einfach aus Überlebensgründen grundsätzlich bei sich behalten.

Die Arbeit an Film- und Fernsehsets wiederum birgt andere Tücken: zum einen die des Vollcaterings. Den ganzen Tag über kann man beim Drehen essen, denn 75 % so eines Tages besteht aus Warten. Warten auf die nächste Einstellung, das Einleuchten oder auf das richtige Wetter. Für solche Tage lege ich mir immer einen klaren, gut strukturierten Ablauf zurecht, der die jeweiligen Mahlzeiten eben auch nur an bestimmten Tageszeiten vorsieht. Aber dann präsentiert wieder ein gut gelaunter Caterer den Süßigkeitenteller oder man geht wie zufällig am Catering-Büffet vorbei und – schwupps – war's das mit dem ach so ausgeklügelten Plan. Ganz schlimm sind ja die wirklich anstrengenden Nachtdrehs. Danach kann ich mich gewisser Imbisse einfach nicht erwehren. Da esse ich dann einfach aus Erschöpfung. Und so eine Bewirtung am Filmset kann gerade für einen übergewichtigen Schauspieler wie mich, der ich nun mal bei Essen, das ich mag, ungern „Nein" sage, furchtbar gemeine Folgen haben. Gerade in kalorientechnischer Hinsicht. Die Snacks, die da so rumgereicht werden, sind ja nicht gerade leicht. Sondern eher äußerst reichhaltig. Schließlich werden diese in der Regel für die hart arbeitenden Techniker vor Ort gebastelt. Und die Männer brauchen solche Kost wirklich, um die für sie körperlich oft anstrengenden Drehs gut zu packen.

30 Bei der Arbeit

Eine ganz andere Extremsituation war die Arbeit im australischen Dschungel für „Ich bin ein Star, holt mich hier raus". Auch hier hätte ich – trotz Dschungel – ununterbrochen essen können, denn die australischen Caterer (dort „Craft-Service" genannt) entpuppten sich als wahre Magier in Sachen vegetarische Wunderwerke. Das Problem war einfach – Sonja und mir blieb kaum Zeit zum Essen, da wir unseren Arbeitsrhythmus komplett umstellen mussten und fast rund um die Uhr beschäftigt waren. In der Regel bin ich – nach australischer Zeit – abends gegen 21.30 Uhr aufgestanden, weil ich um 22.15 Uhr ins Camp fahren musste. Dort angekommen wurde bis morgens um sechs getextet, geprobt, Material gesichtet und geschminkt, damit wir dann gegen sieben Uhr die Live-Sendung moderieren konnten.

Danach – also morgens um 8.30 Uhr – war dann endlich Mittag angesagt: In der so genannten Tech-Base, dem Techniklager unweit des Camps, wo man ein riesiges Verpflegungszelt aufgebaut hatte, in dem australische Meisterköche rund um die Uhr für die rund 300 Mitarbeiter vor Ort hochwertigste Speisen kochten.

Im Anschluss machten wir uns an die jeweilige „Dschungelprüfung". Mit viel Glück war die dann gegen 13 Uhr im Kasten. Danach ging's dann direkt wieder zurück ins Hotel und ab ins Bett. Ich habe wirklich gut gegessen. Und doch konstant abgenommen. Zum ersten Mal in meinem Leben.

In unserem Dschungelbaumhaus besuchte uns auch allmorgendlich eine entzückende kleine Bartagame, die ich inoffiziell auf den Namen „Kleiner Fuchur" getauft habe. Für die englischsprachigen Kollegen übersetzte ich das etwas zu direkt und machte daraus „Little Fucker", was die Australier sehr erfreut hat. Fuchur war sehr genügsam, aber auch immer hungrig. Am liebsten knabberte er an den Blumenknöpfen meines Kostüms.

VEGGIE-FRIKADELLEN MIT MÖHREN GUTBÜRGERLICH

Möhren gutbürgerlich ist eins meiner liebsten Gerichte. Und da ich früher immer (!) eine Frikadelle dazu gegessen habe, mag ich da heute auch nicht drauf verzichten. Seit ich fleischloses Hack entdeckt habe, bin ich ein um vieles glücklicherer Mensch geworden, denn der Geschmack ist echt verblüffend. Wer keine Lust hat, die Veggie-Frikadellen selbst zu machen – wer also meine „Nur keinen unnötigen Kochaufwand betreiben, wenn's doch auch bequem geht"-Haltung teilt –, dem seien die bratfertigen „Frikadelli" von Dr. Nemec empfohlen.

1 Zwiebel
500 g Veggie-Hack
2 Eier
1 TL Senf
3 altbackene Brötchen
Salz, Pfeffer
Pflanzenöl zum Braten
8 Möhren
1/2 kg Kartoffeln
75 g Butter
1/2 TL Zucker
1/4 l Gemüsebrühe

Zwiebel schälen und klein hacken, zusammen mit dem Veggie-Hack, den Eiern und dem Senf in eine Schüssel geben und vermengen. Die Brötchen in kaltem Wasser einweichen, gut ausdrücken und unter die Hackmasse geben. Mit Salz und Pfeffer würzen und zu Frikadellen formen. In einer Pfanne Pflanzenöl erhitzen und die Frikadellen von beiden Seiten gut durchbraten.
Die Möhren und die Kartoffeln schälen und in große Stücke schneiden. Butter in einem Topf zerlassen, Zucker dazugeben und die Möhren und die Kartoffeln mit etwas Gemüsebrühe kochen. Das Ganze zu einem groben Brei zerkleinern, mit Salz und Pfeffer abschmecken.

INDISCHE LINSENSUPPE – DAL

Ich bin ein großer Fan der indischen Küche – der Inder hat einfach ein Herz für Vegetarier – und auch für Vierbeiner. In Indien kann eine Kuh immerhin noch unbehelligt über die Straße gehen oder sich auch auf selbige legen. Wo bitteschön sonst auf der Welt ist das denn möglich? Gut, mir wäre es auch lieber, der Inder würde diese Form des Artenschutzes auf alle Tiere ausweiten, aber ich will nicht klagen.

Mal im Ernst: Je weiter man sich gen Asien bewegt, desto mehr scheinen sich die Kulturen für die fleischlose Küche zu erwärmen. Und das in einer Vielfalt, die ihresgleichen sucht. Indien ist da schon eine Top-Adresse. In jedem indischen Restaurant gibt es vegetarische Gerichte dutzendweise. Eins meiner liebsten ist dabei diese hervorragende Linsensuppe, die man auch prima selbst machen kann.

Ach übrigens, ich habe mal gelesen, dass „Ghee" – also die indische Version von Butterschmalz – das Verdauungsfeuer entfacht. Sagen Sie also nicht, ich hätte Sie nicht gewarnt!

Freunden der Hausmannskost sei hier noch meine ganz persönliche „Linsensuppe à la Bach" ans Herz gelegt: Dafür benötigen Sie Kartoffeln, eine Dose Linsen, zwei Zwiebeln und gekörnte Gemüsebrühe:

Linsen in Gemüsebrühe garen und darin eine Hand voll Kartöffelchen kochen. Die gewürfelten Zwiebeln ebenfalls in die Suppe geben. Alles kräftig würzen. Sojawürste (z. B. die „Hot and Spicy"-Würste) in Scheiben schneiden, in den Sud geben und die Suppe schön lange köcheln lassen. Mit Ihrem Lieblingsessig abschmecken und servieren. Klingt lecker – und das ist es auch!

175 g Masoor Dal (rote Linsen)	3 EL Ghee (geklärte Butter), ersatzweise
1 Stück frischer Ingwer	Butterschmalz
1 TL Kurkumapulver	1 Msp. Asafötida (indisches Gewürz)
Salz	1 TL Kreuzkümmelsamen
4 Stängel frischer Koriander	1/4 TL Chilipulver

Masoor Dal in ein Sieb geben und unter kaltem Wasser waschen. Dann mit 1/2 l Wasser in einen Topf geben, zum Kochen bringen. Ingwer schälen, auf der Gemüsereibe reiben und zusammen mit Kurkuma und reichlich Salz unter die Linsen geben. Alles bei mittlerer Hitze etwa 10 Minuten kochen lassen, bis die Linsen weich sind. Den Topf vom Herd nehmen.

Koriander waschen, trockenschütteln, Blätter abzupfen und hacken. Ghee oder Schmalz in einer kleinen Pfanne erhitzen. Asafötida, Kreuzkümmel und Chilipulver hineingeben und bei mittlerer Hitze 1 Minute unter ständigem Rühren anbraten, dann unter das Dal mischen. Einen großen Teil des Korianders unterrühren, den Rest darüber streuen.

NUDELN MIT TOMATEN-NUSS-SAUCE

Und wieder Nüsse. Ich sag's ja, die passen zu fast jedem Gericht! Gleich um die Ecke meines Kölner Büros gibt es ein kleines Mittagsrestaurant – die „Kitchenette". Eine Top-Adresse in der Mittagspause für schnelle Quiches und gute, abwechslungsreiche Pasta wie diese hier!

1 große Zwiebel	400 g geschälte Tomaten (aus der Dose)
2 Knoblauchzehen	Salz
1 getrocknete Peperoncino	500 g Rigatoni
2 EL Olivenöl	Pfeffer
Butter	Parmesankäse
200 g Nussmischung	

Zwiebeln und Knoblauch schälen und klein würfeln. Peperoncino halbieren, Stiel und Kerne entfernen und die Schote klein hacken. Olivenöl mit etwas Butter in einer Kasserolle erhitzen, Zwiebeln, Knoblauch, Peperoncino und Nüsse dazugeben, alles zusammen anbraten.
Tomaten mitsamt Saft unterrühren, Sauce bei mittlerer Hitze offen etwa 10 Minuten kochen und eindicken lassen. Gelegentlich umrühren.
Inzwischen in einem großen Topf reichlich Wasser mit 1 TL Salz aufkochen, die Rigatoni darin bissfest garen. Nudeln in eine Schüssel geben.
Die Sauce mit Salz und Pfeffer abschmecken und über die Rigatoni geben. Bei Bedarf mit frisch geriebenem Parmesankäse bestreuen.

TABBOULEH

Meinen unzähligen Reisen sei Dank, bin ich schon vor vielen Jahren in den Genuss dieser wirklich ungewöhnlichen – weil so würzigen – Salatart gekommen. Tabbouleh ist einer der wenigen Salate, die ich richtig lecker finde. Und das wohl nur, weil er so unsalatig aussieht. In England, den USA oder Australien findet man fertig gewürztes Tabbouleh in jeder Frische-Kühltheke. Schade, dass sich die hiesige Küche so schwer tut, exotischere Speisen in den täglichen Essensalltag zu integrieren.

Ich bin ja in jeder Hinsicht für die kulturelle Verschmelzung. Das fängt beim freundlichen Zusammenleben der Menschen unterschiedlichster Nationalitäten im Alltag an und endet – wo auch sonst, schließlich ist es da immer am gemütlichsten – in der Küche. Die Briten sind ein gutes Beispiel dieses funktionierenden kulturellen Schmelztiegels. Es heißt zwar, man könne in England nirgendwo gut essen, aber das ist absoluter Blödsinn. Nirgends funktioniert das Essengehen so gut wie in London, wo europäische mit asiatischer, afrikanischer und indischer Kochkunst zu den unglaublichsten Essenskompositionen fusioniert und wo wirklich jedem Gaumen eine Freude gemacht werden kann.

Ich erinnere mich auch noch gut an einen Hotelaufenthalt in Birmingham, wo ich mein Zimmer gar nicht mehr verlassen mochte, weil der Zimmerservice so unglaublich viele schräge, aus den verschiedensten Küchen zusammengeworfene Gerichte anbot, dass ich mich durch den ganzen Room-Service hätte essen können.

Zu Tabbouleh schmecken Hummus und Pitabrot am allerbesten. Also Tabbouleh selber machen und danach ab zum Türken – den Rest fertig kaufen.

200 g feiner Bulgur	6 EL Zitronensaft
2 Bund Blattpetersilie	4 EL Olivenöl
1/2 Bund frische Minze	Salz, Pfeffer
1 Fleischtomate	4 Kirschtomaten

Bulgur 20 Minuten in lauwarmem Wasser einweichen. Inzwischen die Petersilie und die Minze waschen und trockenschütteln. Die Blätter abzupfen und fein hacken, etwas Petersilie zum Garnieren beiseite legen. Die Fleischtomate waschen, halbieren und entkernen. Das Fruchtfleisch fein würfeln.

Bulgur abgießen und gründlich waschen, zusammen mit sämtlichen anderen Zutaten in eine Schüssel geben und alles gründlich durchmischen. Die Kirschtomaten waschen und vierteln und das Tabbouleh mit den Tomatenvierteln und der Petersilie anrichten.

SPAGHETTINI
IN LIMONENCREME

Wenn's mal Nudeln sein sollen, esse ich wie jedes Menschenkind auch am liebsten Spaghetti Bolognese (siehe Rezept Seite 67). Es geht aber auch anders – dieses Pastarezept steht seit einiger Zeit ganz weit oben auf meiner Favoritenliste. Schön fruchtig und zugleich herrlich cremig. Statt der Sahne lässt sich übrigens auch bestens Crème fraîche verwenden. Dann dominiert der säuerliche Geschmack noch mehr und die Pasta kriegt etwas richtig Erfrischendes. Ach, und noch etwas: Wenn Sie zufällig noch ein paar Walnüsschen übrig haben, können Sie die hier auch unterrühren. Aber erst ganz am Schluss, dann bleiben sie schön knackig!

300 g Spaghettini
2 Schalotten
30 g Butter
20 g Mehl
1/2 l Gemüsebrühe
1/4 l Sahne
Salz, Pfeffer
Saft und Schale von 2 Limonen

Spaghettini in Salzwasser 3–4 Minuten garen, abseihen und zur Seite stellen. Schalotten schälen und fein hacken. Butter bei mittlerer Hitze schmelzen und die Schalotten darin glasig anschwitzen. Das Mehl einstreuen und ebenfalls anschwitzen, dann die Gemüsebrühe dazugießen und alles durchkochen. Sahne zugeben, mit Salz, Pfeffer, abgeriebener Limonenschale und Limonensaft abschmecken. Die Sauce über die Spaghettini geben und servieren.

40   Bei der Arbeit

GEBRATENE UDON-NUDELN MIT NÜSSEN UND FRÜCHTEN IM WOK

Gebratene Nudeln kann man mir in fast allen – natürlich fleischlosen – Variationen vorsetzen. Da bin ich immer glücklich. Auch Pastareste vom Vortag, aufgebraten mit dem einen oder anderen Ei, Käsestück, Tomaten und was man sonst noch im Kühlschrank findet, können entzücken!
Dieses Rezept ist jedoch eines der besten, weil noch Früchte untergemischt werden. Mit Trockenfrüchten kann man eigentlich gar nichts falsch machen – frisches Obst geht aber auch, z. B. Äpfel oder Birnen, Mango, Aprikose oder Papaya. Das Fruchtfleisch dann in kleine Würfel schneiden und erst kurz vor Schluss unterrühren.

150 g Nussmischung
150 g Trockenobst
Sojasauce
2 EL Reiswein
2 TL Sesamöl
Salz
500 g japanische Udon-Nudeln
1 Knoblauchzehe
3 Scheiben Ingwer
1 grüne Paprikaschote
4 EL Erdnussöl
1 TL schwarze Bohnen
schwarzer Pfeffer

Die Nussmischung und das Trockenobst in 2 EL Sojasauce, Reiswein und Sesamöl einlegen.
Nudeln in reichlich Salzwasser ca. 12 Minuten al dente kochen, kalt abspülen und zur Seite stellen.
Knoblauchzehe schälen und grob hacken, Ingwer würfeln, Paprika waschen und zerteilen. Den Wok erhitzen, Erdnussöl hineingeben, Ingwer und Knoblauch anbraten. Paprika, schwarze Bohnen und die Nudeln dazugeben und mit anbraten. Die Nüsse und das Trockenobst zusammen mit der Marinade hinzufügen und untermischen. Mit etwas Sojasauce und schwarzem Pfeffer abschmecken.

GRATINIERTER ZIEGENKÄSE AUF REIBEKÜCHLEIN

Ich bin ne kölsche Jung. Und daher schon genetisch bedingt Reibekuchen-abhängig. Die schmecken mit fast allen Dips und Chutneys, aber natürlich vor allem mit Apfelmus und Schwarzbrot. Und auch mit leckerem Ziegenkäse, wenn er denn vorher gut mariniert ist. Apropos Marinade: Sie müssen hier natürlich nicht zwangsläufig Mandelöl benutzen. Ein gutes Olivenöl geht natürlich auch. Oder aber ein anderes aromatisiertes Öl wie z. B. ein Haselnussöl.

Die Wurstvariante für Liebhaber des Deftigen: Ziegenkäse weglassen und stattdessen eine deftige Sojawurst, z. B. die „Vegetarian Slicing Sausage" von Dr. Nemec in Scheibchen schneiden, kross braten und auf die Reibeküchlein legen.

Für den marinierten Ziegenkäse:
2 EL Honig
2 EL Mandelöl
50 g Ingwer
50 g Zitronengras
50 g Semmelbrösel
4 kleine Stücke frischer Ziegenkäse

Für die Reibeküchlein:
200 g Kartoffeln
1/2 kleine Zwiebel
1 Ei
Salz, Pfeffer
Pflanzenöl

Die Zutaten für die Marinade gut verrühren, dann den Ziegenkäse darin einlegen und marinieren.

Kartoffeln schälen und reiben, die Zwiebelhälfte fein hacken und beides mit dem Ei vermischen. Mit Salz und Pfeffer abschmecken und kleine Reibeküchlein formen.

Pflanzenöl in einer Pfanne erhitzen, die Reibeküchlein darin goldbraun backen und auf Küchenkrepp abtropfen lassen.

Reibeküchlein in eine feuerfeste Form geben, den Ziegenkäse darauf legen und die Marinade darüber verteilen. Im vorgeheizten Backofen bei 200° C (Oberhitze) goldbraun backen.

Dazu Dips reichen (siehe Kapitel 1).

RISOTTO IN ZWEI VARIANTEN

Der Vegetarier kennt das. Er geht in ein halbwegs gutes Restaurant und sucht sich wund nach akzeptablen fleischlosen Gerichten. Die sind auf den meisten Speisekarten rar gesät. Und wenn doch etwas Vegetarisches im Angebot ist, dann meist nur ein uninspirierter, geschmacksneutraler Gemüseteller, garantiert mit den mir verhassten Paprika und Brokkoli – nicht mal farbenfroh wie eine Fototapete und dann auch noch langweilig gedünstet oder gegrillt.

Es gibt auch Restaurationen, die sich nicht lumpen lassen, auch noch einen zweiten „Vegetarierklassiker" mit ins Programm zu nehmen: Risotto. Klingt erst mal gut, nur ist es das meistens nicht. Ich befürchte mittlerweile, dass nur ein Risottorezept innerhalb der gesamten deutschen Gaststätteninnung kursiert: Pilzrisotto. Und das esse ich schon aus Protest nicht mehr. Dabei liebe ich Risotto. Wenn's denn so lecker ist wie diese beiden Risottovorschläge – mal herzhaft und mal Dessert-like!

Grundrezept Risotto:
100 g Butter
50 g Olivenöl
400 g Risottoreis

250 ml Weißwein
1 l Gemüsebrühe
40 g Parmesankäse

Die Butter zusammen mit dem Olivenöl erhitzen, Risottoreis darin anschwitzen. Weißwein und Gemüsebrühe hinzufügen und den Risotto unter ständigem Rühren garen. Die Grundmasse teilen und unter die eine Hälfte frisch geriebenen Parmesan mengen.

Süße Variante (links im Bild):
1 EL Olivenöl
100 g eingelegte Trockenfrüchte

100 g gehackte Nüsse
2 EL Honig

Herzhafte Variante (rechts im Bild):
1 EL Olivenöl
200 g Gemüsestreifen (z. B. Lauch,
    Zucchini, Möhren, Zitronengras)

1 kleine Ingwerknolle
Chilisauce
Salz, Pfeffer

Für die süße Variante die eingelegten Trockenfrüchte in Olivenöl anschwitzen, Nüsse und Honig beifügen. Die Risottogrundmasse ohne Parmesan dazugeben und unterheben.

Für die herzhafte Variante Gemüsestreifen anschwitzen. Ingwerknolle schälen, hacken und dazugeben. Mit Chilisauce, Salz und Pfeffer abschmecken und die Risottogrundmasse mit Parmesankäse unterheben.

Bei der Arbeit **47**

MOUSSAKA

Den Griechen verdanke ich ja nicht nur den wunderbaren Zaziki, sondern auch die Moussaka. Lange habe ich aber geglaubt, dass gerade diese griechische Auflaufart auf rein vegetarische Art nicht funktionieren könnte. Denn wie auch eine richtige Lasagne schreit doch Moussaka förmlich nach Gehacktem. Diesen Ruf müssen so großartige Firmen wie Dr. Nemec oder Viana gehört haben. Und sie haben auch noch darauf reagiert und stellen seit einiger Zeit rein pflanzliches Veggie-Hack her, welches wie herkömmliches Gehacktes zubereitet wird. Einige Unternehmen bieten das „Hack" schon vorangebraten an, bei anderen müssen Sie das noch erledigen. Scharf gebrutzelt und gut gewürzt in einer Lasagne oder in einer Moussaka schmeckt solch Hack unglaublich authentisch und wirklich lecker. Ich verspreche Ihnen, damit können Sie jeden fleisch-mögenden Essensgast foppen – garantiert keiner wird merken, dass Sie kein echtes durchgedrehtes Fleisch verwendet haben.

Aber apropos Lasagne: Wer die mag, sollte sich die ganz vorzügliche – und fleischfreie – Fertig-Lasagne der Firma Vegetaria nicht entgehen lassen. Die gibt's in gut sortierten Supermärkten!

1 kg Auberginen	150 ml Weißwein
Salz	
500 g Kartoffeln	**Für die Béchamel-Sauce:**
2 Zwiebeln	50 g Butter
2 Knoblauchzehen	50 g Mehl
500 g Tomaten	1/2 l Milch
5 EL Olivenöl	1 Eigelb
500 g Veggie-Hack	50 g Semmelbrösel
1 Bund Petersilie	Muskatnuss
2 EL frischer Oregano	Salz, Pfeffer
Zucker	100 g geriebener Käse

Die Auberginen waschen, putzen und in 1 cm dicke Scheiben schneiden. In eine Schüssel legen, salzen, mit Wasser übergießen und ca. 15 Min. ziehen lassen. Kartoffeln schälen, ebenfalls in 1 cm dicke Scheiben schneiden und salzen. Zwiebeln und Knoblauch schälen und in Würfel schneiden, Tomaten kreuzweise einritzen, in heißes Wasser tauchen, häuten und das Fruchtfleisch grob würfeln.

Olivenöl in einer großen Pfanne erhitzen, erst Auberginen, anschließend Kartoffelscheiben anbraten, herausnehmen und auf Küchenkrepp abtropfen lassen.

Erneut Öl erhitzen, Zwiebeln und Knoblauch andünsten, Hackfleisch dazu geben und scharf anbraten. Petersilie und Oregano waschen, trockenschütteln, fein hacken und

48 Bei der Arbeit

zusammen mit dem Tomatenfruchtfleisch, etwas Zucker und dem Weißwein zum Fleisch geben. 20 Minuten köcheln lassen.

Inzwischen für die Béchamel-Sauce die Butter erhitzen und das Mehl darin anschwitzen. Die Milch unter ständigem Rühren dazugießen und den Topf vom Herd nehmen, sobald die Sauce bindet. Das Eigelb und 2 EL des geriebenen Käses unterrühren und die Masse mit frisch geriebener Muskatnuss, Salz und Pfeffer würzen.

Die Kartoffelscheiben auf den Boden einer Auflaufform legen, die Hälfte der Hackmasse darauf geben. Hierauf die Auberginen schichten und den Auflauf mit dem Rest des Hacks abschließen. Die Béchamel-Sauce darüber verteilen und mit Semmelbröseln und dem restlichen Käse bestreuen.

Bei 180° C 50–60 Minuten im vorgeheizten Ofen backen.

Nach Belieben mit Kräuter-Jogurt-Dip (siehe Kapitel 1) servieren.

SPINAT IN BLUE-CHEESE-CREME

Ich verwende nie frischen Spinat. Schon aus Prinzip nicht. Dieses frische Grünzeugs ist doch eine Mogelpackung: Man wirft drei Hände voll davon in eine Topf und kurze Zeit später ist gerade mal noch ein Fünftel davon übrig. Tiefgefrorener Spinat ist daher immer meine erste Wahl. Wie heißt es doch so schön: „Da weiß man, was man hat". Aber natürlich esse ich Spinat auch nicht einfach so. Getunkt aber in viel cremigen Blauschimmelkäse liebend gerne!

1 Packung Blattspinat (TK)	Salz, Muskatnuss, Cayennepfeffer
2 EL Butter	Zitronensaft
2 EL Mehl	250 g Blauschimmelkäse
500 ml Milch	

Spinat auftauen lassen. Butter im Topf zerlassen, Mehl einrühren, nach und nach die kalte Milch zugießen und das Ganze aufkochen. Die fertige Sauce durch ein Sieb streichen und mit Salz, Muskatnuss, Cayennepfeffer und Zitronensaft abschmecken. Bei kleiner Hitze den Blauschimmelkäse in Stücken unterrühren und zum Schluss den Spinat dazugeben.

Mit Pellkartoffeln oder einer großen Ofenkartoffel pro Person servieren.

GURKEN IN SENF-SAHNE-SAUCE

Beim Drehen lass ich mich am liebsten von meinem heiß geliebten Frank vom Kölner Catering-Unternehmen „Ex Tempore" bekochen. Dieser Mann ist ein wahrer Zauberer, wenn es darum geht, mir Dinge schmackhaft zu machen, vor denen ich mich eigentlich fürchte. Paprika zum Beispiel. Oder, noch besser, die Gurke. Mit der kann ich eigentlich nichts anfangen, weil sie eben – außer nach Wasser – nach nichts schmeckt. Dachte ich zumindest. Bis Frank daher kam, und mir dieses Essen vorsetzte, das heute eindeutig zu meinen All-Time-Favourites gehört.

1/2 Gemüsezwiebel
1/2 Knoblauchzehe
1 kleine Ingwerknolle
1 TL Margarine
2 grüne Salatgurken
2 EL mittelscharfer Senf
1/2 l Gemüsebrühe
1/4 l Weißwein
1/4 l Sahne
1 Prise Safran
Koriander
Honig

Zwiebel, Knoblauch und Ingwer schälen, klein hacken und in der Margarine anschmoren.
Die Gurken waschen, längs in grobe Schnitze schneiden, dazugeben und ca. 10 Minuten schmoren lassen. Dann den Senf zufügen und verrühren, mit Gemüsebrühe und Weißwein ablöschen. Die Sahne dazugießen und die Sauce sanft köcheln lassen. Schließlich den Safran hinzufügen und das Ganze mit Koriander und Honig abschmecken. Eventuell mit Mondamin etwas andicken.
Mit Salzkartoffeln servieren.

GNOCCHI MIT SALBEIBUTTER UND PINIENKERNEN

Gnocchi können sehr schnell unglaublich langweilig sein. Schon allein deshalb, weil sie fast immer gleich serviert werden – mit Tomatensoße übergossen oder aber in schwerer Sahnesoße ertränkt. Gut, mit letzterer kriegt man mich auch rum, aber noch viel lieber mag ich Gnocchi – wie hier – in Salbei gebuttert. Und das gelingt selbst einem absoluten Gelegenheitskoch wie mir immer!

Für die Gnocchi:
600 g mehlig kochende Kartoffeln
50 g Ricotta
1 Eigelb
80 g Parmesan
2 EL Mehl
Salz, Pfeffer, Muskatnuss

Für die Salbeibutter:
150 g Pinienkerne
2 Schalotten
1 Bund Salbei
Saft von 1 Limone
200 g Butter
Salz, Pfeffer

Die Kartoffeln schälen, in Salzwasser gar kochen und dann noch heiß durch die Kartoffelpresse drücken. Ricotta, Eigelb, frisch geriebenen Parmesankäse und Mehl dazugeben, mit Salz, Pfeffer und Muskat würzen und das Ganze zu einem glatten Teig verkneten. In Rollen formen und im Kühlschrank 1 Stunde ruhen lassen. Dann in dünne Scheiben schneiden und mit Mehl zu kleinen Klößchen formen. In Salzwasser geben und 3 Minuten ziehen lassen.
Für die Salbeibutter die Pinienkerne in einer Pfanne anrösten. Die Schalotten schälen und klein schneiden, den Salbei waschen und hacken. Die Butter zerlassen, die Schalotten darin anschwitzen, mit Limonensaft ablöschen und mit Salz und Pfeffer würzen. Die Salbeiblätter unterheben und die Gnocchi dazugeben.
Auf einem Teller anrichten und mit den gerösteten Pinienkernen bestreuen.

VERSCHIEDENE AUFLÄUFE

Aufläufe sind ausgesprochen Bach-kompatibel. Ich schmeiße ungern etwas weg. Das fängt bei lieb gewonnenen Devotionalien, Büchern, Mitbringseln und Mobiliar an und hört – wo auch sonst – beim Essen auf. Nichts kommt so einfach in die Mülltonne. Deshalb sind Aufläufe ideal, um Kühlschrankreste optimal und schmackhaft zu verwerten.

Die folgenden drei Rezeptvorschläge sind daher auch nicht mehr als bloße Anregungen für Aufläufe, die Sie beliebig variieren und ergänzen können. Der Asia-Auflauf allerdings sei Ihnen besonders ans Herz gelegt. Der ist in seiner eigenwilligen Mixtur – ja, da gehören wirklich Datteln oder zur Abwechslung auch Backpflaumen rein – einzigartig und unbeschreiblich lecker!

Grundmasse für die Aufläufe:

200 ml Milch	2 Eier
50 ml Sahne	Salz, Pfeffer
2 Eigelb	Muskatnuss

Für die Grundmasse werden alle Zutaten in einer Schüssel mit dem Schneebesen gut verrührt.

Variante 1:

100 g Blattspinat (TK)	1 Knoblauchzehe
4 Kartoffeln	Butter
1 Zwiebel	50 g Pinienkerne
	100 g Blauschimmelkäse

Blattspinat auftauen lassen. Kartoffeln schälen und in dünne Scheiben schneiden. Zwiebel und Knoblauchzehe schälen und klein hacken, in Butter anschwitzen. Pinienkerne zufügen und anrösten. Den Käse grob zerkleinern, alle Zutaten miteinander vermischen, in eine gefettete Auflaufform geben und mit der Grundmasse übergießen. Bei 180° C im vorgeheizten Backofen 40–50 Minuten backen.

54   Bei der Arbeit

Variante 2:

100 g Ziegenkäse

2 rote Zwiebeln

1 gelbe Paprikaschote

100 g Zuckerschoten

50 g Kirschtomaten

50 g Semmelbrösel

Butter zum Fetten der Form

50 g geriebener Parmesankäse

Ziegenkäse grob zerkleinern. Zwiebeln schälen und in Ringe schneiden. Paprika, Zuckerschoten und Tomaten waschen und putzen. Die Paprika würfeln, die Tomaten halbieren. Alles Gemüse mit dem Ziegenkäse und den Semmelbröseln vermischen. In eine gefettete Auflaufform geben, mit der Grundmasse übergießen und den Parmesan darüber reiben.

Bei 180° C im vorgeheizten Backofen 30–40 Minuten backen.

Variante 3:

Salz

150 g Glasnudeln

100 g Lauch

2 Stangen Zitronengras

50 g Datteln

100 g Bambussprossen (aus der Dose)

Butter zum Fetten der Form

50 g Gruyère-Käse

Die Glasnudeln in Salzwasser 3–4 Minuten kochen, mit kaltem Wasser abschrecken und abtropfen lassen.

Den Lauch putzen und in Streifen schneiden, das Zitronengras waschen und in kleine Stücke schneiden. Datteln halbieren und entkernen. Alle Zutaten bis auf den Käse vermischen und in eine gefettete Auflaufform geben. Mit der Grundmasse übergießen und den Käse darüber reiben.

Bei 180° C im vorgeheizten Backofen ca. 30 Minuten backen.

FRITTIERTER ZIEGENKÄSE AUF RUCOLA MIT PFEFFER-MANGO-CREME

Auch ein Gericht, das man mir beim Catering während Dreharbeiten vorgesetzt hat und in das ich mich sofort verliebt habe.

Wobei das jetzt nicht sooo überraschend war, denn Frittiertes ist ja fast immer göttlich. Aber gerade Ziegenkäse verblüfft mich stets. Was man damit alles machen kann! Der schmeckt einfach immer: pur, aber auch geschmolzen, mariniert, paniert, in Blätterteig oder – wie hier – frittiert. Und wenn uns der Essensgott irgendwann auch noch mal einen wirklich leckeren vegetarischen Bacon schenkt, kann man Ziegenkäse auch noch lecker in Veggie-Speck einwickeln und dann kurz grillen.

Übrigens – Ziegenkäse gibt's in manchen gut sortierten Super- und Biomärkten schon vorpaniert und tiefgefroren. Ideal für mich. Selbst gemacht geht es natürlich auch. Und ist definitiv leckerer, wenn zur Panade – das wird den aufmerksamen Leser jetzt nicht mehr wundern – Birnenwürfel zugefügt werden.

Mehl
1 Ei
Semmelbrösel
Birnenwürfel
4 Ziegenkäse (Sainte-Mauré)
Pflanzenöl

Für die Sauce:
1 frische reife Mango

Hausgemachte Majonäse (siehe Kapitel 1)
50 g grüner Pfeffer (eingelegt im Glas)
Salz, Pfeffer aus der Mühle
Cayennepfeffer

Für den Salat:
Rucola
Salatdressing (siehe S. 23)
Baguette

Mehl, Ei und mit Birnenwürfeln vermischte Semmelbrösel jeweils auf einen flachen Teller geben, das Ei auf dem Teller verquirlen. Die Ziegenkäse zwei Mal panieren: erst im Mehl, dann im Ei und schließlich in den Birnen-Semmelbröseln wenden, das Ganze wiederholen. In viel Pflanzenöl in einer Pfanne goldgelb backen.

Für die Sauce die Mango schälen, entkernen und in kleine Würfel schneiden. Fruchtfleisch unter die Majonäse geben und mit dem grünen Pfeffer und den Gewürzen gut abschmecken.

Rucola waschen, trockenschütteln und auf einem Teller anrichten. Mit dem Salatdressing marinieren. Gebackenen Ziegenkäse drauflegen und mit der Pfeffer-Mango-Creme und dem Baguette servieren.

BIRNENQUICHE

Quiches sind für mich die ideale Speise für zwischendurch. Praktisch, lecker, gut. Und haltbar – wenn's am Set mal länger dauert. Allerdings fällt den meisten außer den ganz klassischen Zubereitungsarten nicht viel Spannendes ein. Die australischen Setköche von „Ich bin ein Star, holt mich hier raus" haben mir wohl den Wunsch nach Quiche-Abwechslung von den Augen abgelesen – und diese tolle Birnenvariante gebastelt.
Und weil eine Birne im Essen immer gute Laune macht, gibt's auf der nächsten Seite auch noch ein süßes Quicherezept dazu!

HERZHAFTE BIRNENQUICHE

Für den Mürbeteig:
300 g Mehl
1 TL Honig
1 Ei
200 g Butter
1 Prise Salz
Muskatnuss

Für den Belag:
50 g rote Zwiebeln
50 g Perlzwiebeln

100 g Wirsing
Olivenöl
Salz, Pfeffer
Muskatnuss
1 große Birne

Für die Ei-Masse:
3/8 l Milch
2/8 l Sahne
3 Eier

Mehl auf eine Arbeitsfläche sieben, mit einem Löffel eine Mulde hineindrücken. Honig, Ei, gekühlte, in Stücke geschnittene Butter und Salz dazugeben und schnell zu einem glatten Teig verkneten. In Frischhaltefolie einpacken und 1–2 Stunden kalt stellen. Dann den kalten Mürbeteig in eine gefettete runde Form drücken.
Für den Belag die roten Zwiebeln schälen, beide Zwiebelsorten fein hacken, den Wirsing in Streifen schneiden und alles in etwas Olivenöl Topf anschmoren. Salzen, pfeffern und mit Muskatnuss würzen. Die Birne halbieren, Gehäuse entfernen, Fruchtfleisch würfeln und mit Zwiebeln und Wirsing auf dem Teig verteilen.
Milch, Sahne und Eier zu einer Masse verrühren und darüber verteilen.
Bei 180° C ca. 50 Minuten backen, bis die Masse gestockt ist.

SÜSSE BIRNENQUICHE

Für den Mürbeteig:
300 g Mehl
100 g feiner Zucker
1 Ei
200 g Butter

Für den Belag:
200 g Birnen
50 g Marzipan
50 g Mandelstifte
50 g Rosinen

Für die Ei-Masse:
1 EL Butter
3/8 l Milch
2/8 l Sahne
3 Eier
2 EL Honig

Mehl auf eine Arbeitsfläche sieben, mit einem Löffel eine Mulde hineindrücken. Zucker, Ei, gekühlte, in Stücke geschnittene Butter dazugeben und schnell zu einem glatten Teig verkneten. In Frischhaltefolie einpacken und 1–2 Stunden kalt stellen. Dann den kalten Mürbeteig in eine gefettete runde Form drücken.
Für den Belag Birnen waschen, Gehäuse entfernen, Fruchtfleisch klein schneiden und zusammen mit Marzipan, Mandeln und Rosinen auf dem Teig verteilen.
Butter, Milch, Sahne, Eier und Honig zu einer Masse verrühren und darüber verteilen.
Bei 180° C ca. 50 Minuten backen, bis die Masse gestockt ist.

Daheim und Zuhause

Einmal Pizza Pompeji bitte!

Ich muss ganz ehrlich zugeben – zu Hause sorgt vornehmlich mein vortrefflicher Mann Thomas dafür, dass a) unser Kühlschrank stets etwas Essbares für mich bzw. uns bereithält und dass ich b) das Essen nicht komplett vergesse, weil ich mich gerade wieder in irgendwelchen Büchern vergraben habe oder mich durch einen Stapel meiner Lieblings-DVDs gucke.

Was nicht heißt, dass nicht auch ich gerne mal in einen Supermarkt, einen Bioladen oder ein Reformhaus meines Vertrauens einfalle. Wenn ich das tue, dann hauptsächlich, um meinen Vorrat an herrlichen Fertiggerichten aufzustocken bzw. um mich zu erkundigen, was an neuen obskuren und abseitigen und vor allem möglichst schrägen Schnell- und Fertigprodukten auf dem Markt ist. Je umfangreicher das Supermarkt-Sortiment, desto wohler fühle ich mich und umso ausgiebiger mein Rundgang. Ich kann stundenlang durch diese vollen Regale spazieren. Ich inspiziere dann garantiert jedes fleischlose „Gelingt immer und das auch noch irrsinnig schnell"-Päckchen und verlasse einen solchen Markt nie ohne ein komplettes Monatssortiment in meinem Einkaufswagen. Und je ausgefallener die jeweilige Neuerwerbung ist, desto größer die Chancen, dass sie daheim direkt ausprobiert werden. Erst kürzlich habe ich ein neues Fertig-Lasagne-Set versucht. Das habe ich zwar nur gekauft, weil mich auf der Verpa-

V.l.n.r.:
„Mein Lieblingsehemann bei zwei seiner Lieblingsbeschäftigungen: Vier Hotdogs essen und dabei zappen!"

Noch zu Fleischeszeiten an meinem Luxusherd, umgeben von lebenswichtigen Fertiggerichten.

In meiner ehemaligen Wohnung bei einer kleinen wohlverdienten Mahlzeit.

ckung eine an Minnie-Maus erinnernde Zeichentrickfigur angegrient hat, aber das Ergebnis konnte sich auch halbwegs sehen lassen. Und geschmeckt hat's auch. Drei Happen lang zumindest.

Ich wäre selbstverständlich nicht der „Meister des Verfeinerns", wenn nicht jedes Fertigprodukt allenfalls ein Baustein für meine jeweilige Mahlzeit wäre. So ein 1-2-3-Menü kommt natürlich nicht einfach so auf meinen Tisch: Da wird selbstverständlich aufs Wildeste nachgewürzt und Mengenangaben ganz nach Gefühl gerne auch mal verdoppelt. Wenn Käse im Spiel ist, versiebenfache ich dessen Menge fast immer. Denn Käse veredelt jedes noch so ungenießbare Fertiggericht. Ich schrecke auch vor Fertig-Gewürzmischungen nicht zurück, wenn es der Geschmacksnachbesserung hilft. Das mag zuweilen politisch inkorrekt sein, aber wenn's doch besser schmeckt!!!

Ein hervorragendes Mahl lässt sich auch durch das Kombinieren hochwertiger Fertigprodukte kreieren: Man nehme zum Beispiel einen bereits fertig gewürzten Mikrowellenreis, vereine diesen mit einem vegetarischen Hühnerschnitzel und übergieße das Ganze mit einer englischen Fertig-„Mango sweet and sour"-Sauce aus dem Glas – fertig ist das Blitzhuhn Bach'sche Art süßsauer.

Da mein Mann und ich bedingt durch einen ganz unterschiedlichen Lebensrhythmus und aufgrund der Tatsache, dass wir uns völlig entgegengesetzt ernähren (er kriegt bei einem blutigen Steak auf dem Teller freudestrahlende Augen) daheim seltenst zusam-

men speisen, halte ich mich auch kaum an die üblichen Essenszeiten. Die sind bei mir immer vom jeweiligen Arbeitsbeginn abhängig. Mein Frühstück ist dabei immer höchst funktional – Mineralwasser und ein frisches Brot, mit einer der tausend Tartex-Pasten bestrichen.

Wobei mir die hiesige Frühstückskultur an sich schon suspekt ist – und das nicht nur, weil ich weder Kaffee noch Tee trinke. Bei einem Heißgetränk und einer opulenten Mahlzeit am Frühstückstisch sitzen ist einfach nicht meine Welt. Diese kostbare halbe Stunde nutze ich lieber mit einem guten Buch oder der Tageszeitung unter der Dusche (ja, ich kann da lesen; man muss das Papier nur weit genug vom Wasserstrahl weghalten). Das ist einer der für mich entspannendsten Momente des Tages.

Mich zum Frühstück verabreden käme mir auch nie in den Sinn – außer ich habe an diesem Tag wirklich nichts weiteres geplant. Ich kann mir so früh – egal in welch netter Gesellschaft ich mich befinde – noch nicht den Bauch voll schlagen, weil ich mich danach erst einmal vom Genießen ausruhen muss und keine Zeit mehr für wichtige Erledigungen bleibt. Auch für Arbeitsessen, wie sie ja in meiner Branche Gang und Gäbe sind, kann ich mich so gar nicht erwärmen. Wenn ich mich zum Essen verabrede, soll für mich Entspannung und Genießen im Vordergrund stehen. Da haben dann lästige Gespräche über die Arbeit nichts zu suchen.

Zu Hause dagegen, wenn keinerlei Arbeits- oder Termindruck ansteht, kann ich meine Mahlzeiten allein schon deshalb viel mehr genießen, weil ich mich nicht an irgendwelche Pläne halten muss, sondern weil ich zu jeder beliebigen Tages- oder Nachtzeit etwas Leckeres brutzeln kann. Und unser Kühlschrank ist glücklicherweise immer gut gefüllt: Neben den tierischen Schweinereien, die mein Mann da für sich hortet, gibt's für mich eigentlich immer freilaufende Eier von tausendprozentig glücklichen Hühnern,

64 Daheim und Zuhause

leckeren Käse, einige Päckchen Veggie-Hacksteaks oder -Fleischbällchen, diverse Biogemüse (aus dem Glas), Tomaten (die dürfen sogar frisch sein), Chutneys und Senf, ab und an etwas Rucolasalat, literweise Mineralwasser und daneben Brot, Majonäse und Harissa, diverseste Kartoffelpü-Packungen, Birnen, Nudeln und eine Vierkäse-Pizza. Und aus diesem ja doch recht umfangreichen Sortiment lässt sich eigentlich immer etwas Essbares schaffen. Eines habe ich noch vergessen. Ich habe immer frischen Parmesan im Hause, denn der – grob über eine Speise gerieben – macht fast alles genießbar.

Und ja, Sie haben richtig gehört, Parmesan ist selbst in meinem Haushalt immer ganz frisch. Auch als Fan von kocherleichternden Maßnahmen bestehe ich auf frischen Parmesankäse. Reis darf gerne aus dem Kochbeutel kommen, das Ersatz-Hackbällchen kaufe ich gerne als fertiges Ganzes (ohne langes Anrühren und Formen) und ich würde verkümmern, gäbe es keine Fertigpizzen, schnelle Dosen- und/oder Fertigtiefkühlgerichte. Aber bei Parmesan hört der Spaß auf. Den gibt's zwar auch schon vorgeschreddert und abgepackt, aber der kommt mir nicht in die Tüte, geschweige denn auf oder in irgendeines meiner Gerichte. Denn Fertigparmesan, egal wo und wie gekauft, schmeckt nach Gummi. Eklig und gar nicht schön. Also merke: Parmesan muss mit eigener Hand gerieben werden. Und auch wenn ich mir dabei regelmäßig die Finger blutig hoble – der Geschmack ist das einfach wert!

Selbst über eine Vierkäse-Fertigpizza reibe ich immer noch Extrakäse. Zumindest wenn ich daran denke, die Pizza rechtzeitig aus dem Ofen zu holen. Ich sage das deshalb, weil es mir vor einigen Jahren wirklich mal passiert ist, dass ich eine Fertigpizza eine ganze Nacht im eingeschalteten Backofen vergessen habe. Ich weiß wirklich bis heute nicht, wie das passieren konnte, denn so spannend kann eigentlich keine DVD und so betörend kann kein alkoholisches Erfrischungsgetränk sein, dass ich etwas leckeres Essbares im Ofen vergesse. Und doch ist es mir passiert. Am nächsten Morgen fanden wir – ungelogen – einen kreisrunden Aschehaufen auf dem Backblech vor. Dieses Häufchen Elend ist als „Pizza Pompeji" in unsere Familien-Annalen eingegangen.

SPAGHETTI BOLOGNESE MIT GEMÜSE-TOMATENSAUCE UND VEGGIE-HACK

Der Pasta-Klassiker fehlt auch bei meinen Lieblingsrezepten nicht. Und dafür habe ich eigentlich immer alle Zutaten im Schrank. Bei einer Bolognese habe ich dann auch nichts gegen viel Gemüse und ordentlich Kräuter. Solange der tomatige Geschmack im Vordergrund steht bin ichs zufrieden. Praktisch – und viel einfacher – sind übrigens auch Fertig-Bolognesesaucen von Tartex oder Viana.

Aber keine Bolognese ohne scharf angebratenes, gut gewürztes Gehacktes. Das gibt's zum Beispiel von Dr. Nemec. Damit sieht die Bolognese nicht nur authentisch aus, sie schmeckt auch so!

Mein Mann liebt ja die US-Abwandlung der Bolognese: Pasta with Meatballs. Die mag ich auch gern. Mittlerweile gibt es von den verschiedensten Anbietern Veggie-Hackbällchen – einige davon sogar schon teuflisch gut gewürzt. Die machen sich in einer leckeren Bolognese auch bestens!

Ganz am Schluss wird natürlich der Hobel in die Hand genommen – und der Parmesan angesetzt!

1 Möhre	1 Bund frische Kräuter
1 Staudensellerie	1 Gewürznelke
1 Zwiebel	1 Lorbeerblatt
2 EL Butter	Muskatnuss
200 g Veggie-Hack	1 Prise Cayennepfeffer
300 g reife Tomaten	Salz, Pfeffer
1 TL Mehl	500 g Spaghetti
1/8 l Gemüsebrühe	50 g Parmesankäse

Möhre, Sellerie und Zwiebel putzen und fein würfeln. Butter in einem Topf erhitzen, das Gemüse anschwitzen. Veggie-Hack dazugeben und mit anbraten. Tomaten kreuzweise einritzen, kurz in heißes Wasser tauchen und die Haut abziehen, das Fruchtfleisch würfeln und zum restlichen Gemüse geben. Die Masse mit einem TL Mehl bestäuben und mit Gemüsebrühe ablöschen. Die Kräuter waschen, abtropfen lassen, fein hacken und mit den Gewürzen dazugeben. 20 Minuten sanft schmoren. Mit Salz und Pfeffer abschmecken.

Spaghetti in viel Salzwasser al dente kochen und zur Gemüse-Tomatensauce servieren. Nach Geschmack mit frisch geriebenem Parmesan bestreuen.

CURRYWURST MIT POMMES FRITES

Würste habe ich immer geliebt. Ich habe dabei aber absichtlich immer verdrängt, dass ich wahrscheinlich pürierte Schnauze oder Füße von süßen Schweinchen aß. Denn die Currywurst war so etwas wie mein Kindergericht. Jahrelang – nach meinem Sinneswandel und dem damit verbundenen gänzlichen Fleischverzicht – war ich schwer gebeutelt, dass ich so etwas Herrliches nicht mehr essen konnte. Bis jetzt, wo es so sagenhafte vegetarische Würste gibt, die täuschend echt schmecken und mich wieder in Kindheits-Ess-Erinnerungen schwelgen lassen… Wenn's übrigens mal ganz schnell gehen soll, empfehle ich die gar zu köstliche Fertig-Veggie-Currywurst von „FitFood".

5–6 große Kartoffeln
Pflanzenöl
4 Eden Currywürste
Ketschup (siehe S. 19)
Currypulver
Salz
Majonäse (siehe S. 19)

Kartoffeln schälen und in 1 cm dicke, 5 cm lange Stäbchen schneiden. Pflanzenöl in einem großen Topf erhitzen und die Pommes frites darin frittieren.
Die Würste in der Pfanne braten. Das Ketschup in einem Topf erhitzen und mit reichlich Currypulver abschmecken. Die Currywürste in Stücke schneiden, mit dem Curryketschup übergießen und zum Anrichten mit Currypulver bestreuen. Die Pommes frites auf einem Küchentuch abtropfen lassen, gut salzen und mit Majonäse servieren.

Variante:
Die Currywürste in dem Öl frittieren, in dem die Pommes frittiert werden.

SCHASCHLIK AUS MARINIERTEM TOFU

Ein rein vegetarisches Schaschlik – gegrilltes Gemüse und Tofu aufgespießt – finde ich persönlich ziemlich reizlos. Ganz ehrlich – Tofu schmeckt erstmal nach nichts. Da ändern dann auch Salz und Pfeffer nicht viel. Damit gewürzt schmeckt Tofu eben nach Nichts mit Salz und Pfeffer. All das ändert sich aber schlagartig, wenn man die Tofu-würfel vorab kräftig mariniert und später mit Gemüse kombiniert grillt. Dann läuft diese Schaschlik-Variante jedem normalen Fleischspieß garantiert den Rang ab!

Für die Marinade gibt es verschiedene Varianten. Grundsätzlich gilt: Den Tofu würfeln und über Nacht in die Marinade legen.

Italienische Marinade:
3 Knoblauchzehen
1 Schalotte
frische glatte Petersilie
frischer Rosmarin
frischer Thymian
3 EL Rotwein
etwas Essig
5 EL Olivenöl
1 EL Limettensaft
1 TL Senf
grobes Meersalz, viel Pfeffer

Knoblauch und Schalotte schälen und fein schneiden. Alle Kräuter waschen, trocken-schütteln und hacken bzw. abzupfen. Zusammen mit den restlichen Zutaten vermengen, gut würzen.

Ingwer-Marinade:
3 Knoblauchzehen
1 Hand voll Salbeiblätter
150 g Ingwer
3 EL Rotwein
3 EL Marsala
etwas Essig
5 EL Olivenöl
1 EL Limettensaft
1 TL Senf

etwas Zucker
grobes Meersalz, viel Pfeffer

Knoblauch schälen und durchpressen, Salbeiblätter waschen, trockenschütteln und klein hacken. Ingwer schälen und reiben. Alles mit den restlichen Zutaten vermischen und gut würzen.

Sesam-Minz-Marinade:
1 Hand voll Minze
1 Schalotte
4 EL Sesamöl
2 EL Olivenöl
4 EL Limettensaft
1 TL Ahornsirup
1 EL Sesamkörner
grobes Meersalz, Pfeffer

Minze waschen, trockenschütteln und hacken, Schalotte schälen und fein hacken. Beides mit den restlichen Zutaten verrühren und gut würzen.

Asia-Marinade:
2 Stangen Zitronengras
2 Knoblauchzehen
5 EL Sesamöl
2 EL Olivenöl
2 EL Limettensaft
etwas Kokosmilch
grobes Meersalz, viel Pfeffer

Zitronengras waschen und zerdrücken, Knoblauch schälen und pressen. Mit den restlichen Zutaten verrühren und gut würzen.

Die marinierten Tofuwürfel nach Belieben abwechselnd mit Paprika, Zwiebeln, Pilzen, Auberginen, Zucchini oder Fenchel auf einen Schaschlikspieß spießen und mit Olivenöl bepinseln.
Im vorgeheizten Backofen bei 200° C (Oberhitze) goldbraun backen.
Mit verschiedenen Dips servieren (siehe Kapitel 1).

LAUWARMER KARTOFFELSALAT

Kartoffelsalat mag ich erst, seit mir meine liebe Freundin Käthe diese wirklich gelungene Alternative vorgesetzt hat. Grundsätzlich sträuben sich mir die Nackenhaare, wenn ich an die gruseligen urdeutschen Partysalate aus meinen Kindheitstagen denke. Ob nun Nudeln oder Kartoffeln, immer wurden die unter Bergen von eiskalter, glibberiger Majonäse begraben und klebten an ebenso kalten Erbsen, Zwiebelresten und sauren Gurken. Mittlerweile halten ja glücklicherweise auch hierzulande Alternativrezepte Einzug. Gut gewürzt, abwechslungsreicher und wie hier – lauwarm. Den Salat aber bitte, bitte mit einer schönen Veggie-Wurst, lecker Senf und einem Kaltgetränk Ihrer Wahl servieren!

800 g Kartoffeln
Salz, Kümmel
2 Zwiebeln
1 kleines Glas Gewürzgurken
Hausgemachte Majonäse (siehe S. 19)
1/8 l Gemüsebrühe
Pfeffer
8 Siedewürstchen (z.B. von Dr. Nemec)

Kartoffeln waschen und mit Schale in Salzwasser mit einer Prise Kümmel gar kochen. Mit kaltem Wasser abschrecken und noch lauwarm pellen, in Scheiben schneiden und in eine große Schüssel geben.
Die Zwiebeln schälen und fein hacken, die Gurken abgießen und würfeln. Alles zusammen mit der Majonäse zu den Kartoffeln geben, die Gemüsebrühe hinzufügen. Mit Salz und Pfeffer würzen und alles vorsichtig durchmischen.
Siedewürstchen einige Minuten in heißem Wasser ziehen lassen und zum Kartoffelsalat servieren.

„DER BACH TUT DAS DOCH WOHL NICHT AUCH NOCH REIN!"

Beim Stichwort „Chili" fällt mir zwangsläufig mein Besuch in der Biolek-Fernsehküche ein. Das war zu Zeiten, als ich noch Fleischprodukte, die nicht nach Tier aussahen, zu mir nahm. Wie zum Beispiel Gehacktes. Man möge mir das verzeihen. Ich brauchte vielleicht nicht das Geld, aber ich war zumindest jung.

Mit diesem Hackfleisch also wollte ich bei „Alfredissimo" mein ganz persönliches Chili con carne zubereiten. Gemäß meiner ureigenen, „Alfredissimo"-untypischen Maximen: „Nur Tüten- oder Konservenprodukte verwenden" und „Gekocht wird ausschließlich nach Farben". Hätte Alfred damals noch mehr Haare gehabt, hätten diese ihm durchweg zu Berge gestanden. Er schluckte die ganze Sendung über unentwegt, räusperte sich immer wieder völlig nervös und warf hie und da ein irres, der Kapitulation nahes Lachen ein. Und trotzdem war er – ganz der Koch eben – höchst interessiert, wie meine Wenigkeit ein gutes Chili herstellt: Hackfleisch scharf anbraten (heutzutage natürlich nur noch Veggie-Hack), gut würzen und dann mit den verschiedensten Bohnen aufgießen. Das können vegetarische Baked Beans sein, in jedem Fall Kidney- und weiße Bohnen, dazu ordentlich Dosentomaten und Mais (natürlich auch aus

der Konserve). Und da ich liebend gerne auf Würzmischungen zurückgreife, so sie keine fiesen, versteckten Fleischextrakte beinhalten, dürfen auch diese rückhaltlos reingeschüttet werden. Ebenso noch vorrätige Chutneys und Würzsaucen. Davor habe ich auch bei Alfred nicht Halt gemacht. Alle Schränke wurden von mir durchwühlt auf der Suche nach schönen Gewürzen und leckeren Saucen, die das Chili noch schmackhafter machen können. Alfred schrie am Ende immer und immer wieder aufgeregt auf. Als ich dann auch noch einen kompletten Käseblock in den Topf warf, war er der Ohnmacht nahe. Und aus der Regie kam immer, wenn ich wieder ein neues Pulver oder Würzprodukt entdeckt hatte und fröhlich in meinen Chilitopf warf, der ungläubige Ruf: „Der Bach tut das doch wohl nicht auch noch rein!" Wichtigster Bestandteil war schon bei meinem „Alfredissimo"-Auftritt: die Dosenananas – natürlich NICHT ungesüßt.

An einem „Alfredissimo"-Produktionstag werden mehrere Sendungen aufgezeichnet. Ich kann mit Stolz berichten, dass mein Chili das einzige Gericht des Tages war, das

Daheim und Zuhause

von den anwesenden Teammitgliedern komplett verputzt worden ist. Selbst Alfred hat am Schluss kräftig zugelangt. Ihm hat es wirklich gut geschmeckt. Dazu musste er außerdem noch einen Wodka Puschkin mit Blutorange – die Fertigmischung natürlich – trinken. Auch den hat er willig akzeptiert.

Allerdings wurde mein einzigartiges Rezept im „Alfredissimo"-Kochbuch nur in einer sehr „bereinigten" Fassung abgedruckt, das heißt alle halbwegs willkürlichen und aus Fertigprodukten bestehenden Zutaten wurden durch konkrete Mengenangaben und ein fast ausschließlich marktfrisches „Man nehme" ersetzt.

CHILI CON VEGGIE-CARNE A LA DIRK

1 Zwiebel
2 EL Pflanzenöl
200 g Veggie-Hack
je 100 g Kidneybohnen, Baked Beans, weiße Bohnen, Riesenbohnen (alle aus der Dose)
100 g Mais (aus der Dose)
1 Knoblauchzehe
500 g Tomaten (aus der Dose)
150 g Ananas (aus der Dose)
2 EL Tomatenmark
1 Packung Chili-Gewürzmischung (z. B. von Maggi oder Knorr)
1 TL Cayennepfeffer
1/2 TL Kreuzkümmel
Salz, Pfeffer
50 g geriebener Hartkäse

Die Zwiebel schälen, fein hacken und in Öl in einem großen Topf anschwitzen. Veggie-Hackfleisch dazugeben und kurz anbraten. Die Bohnen und den Mais auf ein Sieb geben, waschen und abtropfen lassen. Die Knoblauchzehe schälen und zerdrücken.

Alle Zutaten außer dem Käse in den Topf geben, umrühren und mit Salz und Pfeffer kräftig abschmecken.

Mit geriebenem Hartkäse und Dip mit Curry, Koriander und Mango-Chutney (siehe Kapitel 1) servieren.

KARTOFFELPÜREE MIT SAUERKRAUT IN ZWEI VARIANTEN

Ich bekenne: Ich bin Kartoffelpüree- und Sauerkraut-abhängig. Hochgradig und unheilbar. Aber ich bin in Sachen Kochen auch oftmals faul. Für mein heiß geliebtes „Pü" (Kartoffelpüree) muss eigentlich immer ein Fertigprodukt herhalten. Natürlich nachbehandelt und verfeinert auf Bach'sche Art: Gutes „Pü" kommt bei mir eigentlich immer aus der Tüte – und muss dann mit Butter, etwas Milch und je nach Belieben mit Gewürzen abgerundet werden.

Sauerkraut aber will ich am liebsten frisch. Dafür gehe ich sogar in eine Metzgerei. In der Not kommt dieses mit Abstand leckerste Kraut aus dem Glas oder aber dem Plastikschlauch auf meinen Herd.

Ganz wichtig für das Sauerkraut bei mir: es kann gar nicht lange genug vor sich hin köcheln. Und zwar mit braunem Zucker. Dann ist es ein Traum!

Für beide Varianten jeweils eine Tüte Kartoffelpüree kochen, allerdings mit mehr Butter, Milch und Gewürzen als angegeben.

Variante 1:

1 kleine Zwiebel	1 Glas Sauerkraut
100 g Freiburger Schmalztöpfle von Tartex	1/4 l Gemüsebrühe
	Salz, Pfeffer
80 g brauner Rohrzucker	8 Eden-Siedewürstchen

Zwiebel schälen und klein hacken. Das Schmalz erhitzen und die Zwiebelwürfel goldgelb anbraten, mit dem Rohrzucker bestreuen und karamellisieren. Sauerkraut dazugeben, mit der Gemüsebrühe ablöschen und eine 3/4 Stunde sanft köcheln lassen. Mit Salz und Pfeffer würzen und mit Eden-Siedewürstchen servieren.

Variante 2:

	80 g Honig
1 kleine Zwiebel	1 Glas Sauerkraut
100 g Pflanzenöl	1/4 l Gemüsebrühe
1 frische reife Mango	Salz, Pfeffer, Cayennepfeffer

Zwiebel schälen und klein hacken. Pflanzenöl erhitzen und Zwiebelwürfel goldgelb anbraten. Mango schälen, klein schneiden und die Hälfte davon zusammen mit dem Honig und dem Sauerkraut dazugeben. Mit der Gemüsebrühe ablöschen und eine 3/4 Stunde sanft köcheln lassen. Zum Schluss das restliche Mangofruchtfleisch unterheben und das Kraut mit Salz, Pfeffer und Cayennepfeffer abschmecken.

KARTOFFELSUPPE MIT VEGGIE-WURST

Mit gutbürgerlicher Küche kann man mich immer bezirzen. Erst recht mit einer herzhaften Suppe nach Hausmacherart, die natürlich erst dann richtig gut schmeckt, wenn's auch Wurst dazu gibt. Wichtig ist nur, dass man das Veggie-Würstchen (ob nun mit Rauch- oder Brühwurstgeschmack) schön lange in der Suppe mit köchelt, damit es sich so richtig voll saugen kann.

Wenn ich mal ganz plötzlich und unerwartet Heißhunger auf ein Süppchen wie dieses habe, nehme ich auch gerne mal eine schöne Konservensuppe als Grundlage. Die gibt's im Bioladen oder Reformhaus. Die Dose dann mit viel Gewürzen und eventuell auch Brühe verfeinern, Sojawurst rein und fertig!

300 g Kartoffeln
100 g Möhren
1 Gemüsezwiebel
100 g Lauch
Olivenöl
Salz, Pfeffer
1/2 l Gemüsebrühe
Muskatnuss
4 Dr. Nemec-Rauchwürstchen oder Wiener von Eden
1/8 l Sahne
etwas Butter

Kartoffeln, Möhren und Zwiebel schälen und würfeln. Den Lauch putzen und in Scheiben schneiden. Zwiebelwürfel in Olivenöl anschwitzen. Kartoffeln, Möhren und Lauch hinzufügen und mit anschwitzen. Mit Salz und Pfeffer würzen und mit der Gemüsebrühe auffüllen. Alles zusammen bei kleiner Hitze weich kochen.

Die Suppe mit dem Mixstab pürieren und mit Salz, Pfeffer und Muskat abschmecken. Die Würstchen quer in dicke Scheiben schneiden, zur Suppe geben und einige Weile mit köcheln lassen.

Die Sahne steif schlagen und vor dem Servieren zusammen mit der Butter unterheben.

GRATINIERTE MAISKOLBEN MIT PILZ-ERDNUSSCREME

Mais at its best!!! Bitte keine Kommentare zum Kalorienwert dieses Gerichts. Manchmal muss es einfach etwas gehaltvoller sein.

4 Maiskolben
100 g Shiitake-Pilze
1/2 kleine Zwiebel
50 g Erdnussbutter
50 g Butter
20 g Walnüsse
20 g Erdnüsse
50 g Semmelbrösel
Honig
Salz, Pfeffer, Cayennepfeffer

Maiskolben putzen, waschen, in Salzwasser gar kochen und quer in ca. 5 cm dicke Scheiben schneiden.
Shiitake-Pilze säubern, klein schneiden, Zwiebel schälen und würfeln. Beides in Butter und Erdnußbutter anbraten und in eine Schüssel geben. Nüsse hacken und zusammen mit den übrigen Zutaten ebenfalls in die Schüssel geben und vorsichtig unterheben. Die Masse würzen, auf den Maiskolbenscheiben verteilen und im vorgeheizten Backofen bei 200° C Oberhitze 8–10 Minuten goldbraun backen.
Dazu einen Erdnuss-Dip (siehe S. 20) reichen.

NACHO-SALAT MIT KIDNEYBOHNEN

Auch bei diesem Rezept wollen wir nicht unbedingt auf die Kalorien schielen, sondern uns tapfer damit trösten, dass das Ganze immerhin noch als Salat durchgeht und daher ja halbwegs gesund sein muss. Außerdem ist es verdammt lecker. Und macht auch noch satt!

An dieser Stelle soll meine ganz persönliche, klassische Nacho-Variante nicht unerwähnt bleiben. Garantiert fleischlos und doch mit lecker Hack: Nacho-Chips mit meinem Extrem-„Chili con Veggie-Carne" (Rezept auf Seite 76, aber ohne Ananas). Dazu eine gute Salsa, Crème fraîche bzw. Sour Cream und Guacamole.

Für den Salat:
1 Tüte Nacho-Chips
2 reife Avocados
200 g Kidneybohnen (aus der Dose)
200 g Mais (aus der Dose)

Für die Marinade:
1 Zwiebel
100 ml Maisöl
Salz, Pfeffer
1 Prise Zucker

Für das Jogurt-Dressing:
80 g Jogurt
Saft von 1 Limone

100 g Hartkäse, z. B. Cheddar

Nachos in eine Salatschüssel geben. Avocados schälen, entkernen und das Fruchtfleisch in kleine Würfel schneiden. Kidneybohnen und Mais jeweils in ein Sieb gießen, waschen und abtropfen lassen.

Für die Marinade Zwiebel schälen und würfeln, mit Maisöl, Salz, Pfeffer und Zucker vermischen. Avocado, Kidneybohnen und Mais mit der Marinade anmachen und das Ganze zu den Nachos geben und vorsichtig mischen.

Den Jogurt mit 1 Prise Salz und Limonensaft glatt rühren und über den Nacho-Salat gießen.

Mit gehobeltem Hartkäse servieren.

GEMÜSECURRY ROT UND GRÜN

Das „Curry"-Gewürz begleitet mich seit meiner frühen Kindheit. Schon als kleiner Junge habe ich immer Erbsen gekocht und dann mit Paprika- und noch mehr Curry-pulver gewürzt. Bis heute weiß ich ein gutes Curry in einer mächtig-pikanten Sauce zu schätzen. Vielleicht weil die erwachsene Variante das viele, mir ja manchmal doch recht fremde Gemüse in einer schön üppigen, herrlich farbigen und sehr opulent gewürzten Sauce ertrinken lässt. So schmeckt Gemüse eben am besten – wenn man's nicht mehr als solches erkennen kann.

Rotes Curry:
4 rote Zwiebeln
4 große Tomaten
200 g Möhren
200 g rote Paprika
200 g rote Linsen
100 g rote Currypaste

Grünes Curry:
2 Zwiebeln
200 g grüne Bohnen
200 g Blattspinat
200 g Zucchini
100 g Staudensellerie
100 g grüne Currypaste

Für beide Currys jeweils:
50 g Pflanzenöl
Salz, Pfeffer
2 Knoblauchzehen
1 kleine Ingwerknolle
2 Stängel Zitronengras
Saft von 1 Limone
50 g Currypulver
50 g Kurkuma
1/4 l Kokosmilch
100 g frische Kokosnuss am Stück
   (ersatzweise Kokosstreusel)
10 Zitronenblätter

Das Gemüse für die Currys putzen und klein schneiden. Jeweils in einem separaten Topf die Zwiebeln für das rote und das grüne Curry in Pflanzenöl anbraten und dann das jeweilige Gemüse hinzugeben.
Beide Currys mit Salz, Pfeffer, Knoblauch, Ingwer, Zitronengras, Limonensaft, Curry-pulver, Kurkuma und Kokosmilch abschmecken. Die rote und grüne Currypaste zum entsprechenden Curry geben und langsam fertig garen.
Die Kokosnuss mit dem Sparschäler in Späne hobeln, die Zitronenblätter klein hacken. Auf einen Teller das rote und das grüne Curry nebeneinander anrichten und mit Kokos-spänen und Zitronenblättern garnieren.

FALAFEL MIT SALSAS, ZAZIKI UND JOGURT-MINZE-DIP

Definitiv kein Ersatz für Frikadellen (wer die sucht, sollte Veggie-Buletten oder Bratlinge brutzeln), sondern ein Gedicht aus Kichererbsen und besten Gewürzen, wenn so eine Falafelkugel denn – wie in den meisten arabischen Imbissen – gut zubereitet ist.
Eine Falafel kann ein herrlich leckeres Gericht sein, muss es aber nicht, weil die Bällchen oft zu fad abgeschmeckt oder insgesamt zu trocken sind. Mit diesem Rezept gelingen sie garantiert und schmecken irrsinnig gut! Aber niemals ohne Saucen essen!

250 g getrocknete Kichererbsen
1/4 l Gemüsebrühe
1 Zwiebel
1 Knoblauchzehe
1 EL Pflanzenöl
1/2 Bund Koriander
1/2 TL gemahlener Kreuzkümmel
1 EL Zitronensaft
Salz, Pfeffer
50 g Semmelbrösel
Pflanzenöl zum Frittieren

Kichererbsen über Nacht einweichen und am nächsten Tag in der Gemüsebrühe bissfest kochen. In ein Sieb gießen, abtropfen lassen und dann in einer Schüssel mit dem Mixstab pürieren.
Zwiebel und Knoblauchzehe schälen und fein hacken, in Öl anbraten und zum Püree geben. Koriander waschen, trockenschütteln, hacken und mit Kreuzkümmel und Zitronensaft ebenfalls unter das Kichererbsenpüree mischen. Das Ganze mit Salz und Pfeffer abschmecken.
Mit der Hand aus der Masse kleine Kugeln formen und in den Semmelbröseln wenden.
Pflanzenfett in einem Topf erhitzen und die Falafel darin goldbraun backen.
Unbedingt mit verschiedenen Salsas, Zaziki (siehe S. 23) oder Jogurt-Minze-Dip (siehe S. 21) servieren.

Daheim und Zuhause **87**

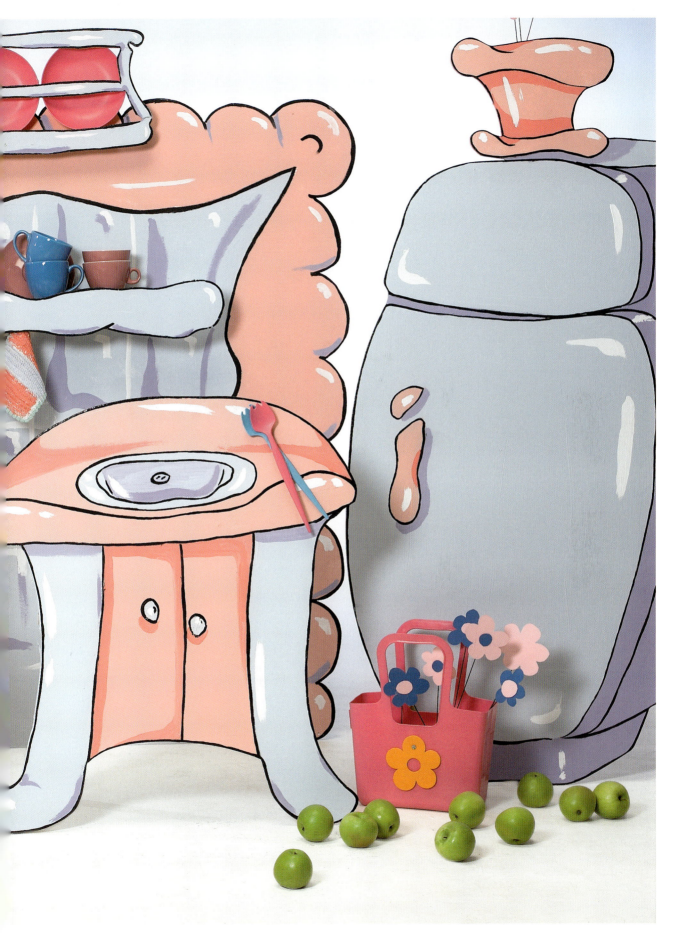

APPLE-PIE

Torten und Sahnekuchenberge machen mich nicht wirklich an. Ebenso wenig mit Obst belegte, meist ganz schnell matschig werdende Tortenböden aus klebrigem Biskuit. Apfelkuchen mit einem dünnen, knusprigen Pie-Teig dagegen finde ich vortrefflich. Der ist leichter zubereitet als so manche Back-Fertigmischung. Und glauben Sie mir, von denen habe ich einige ausprobiert.

300 g Mehl
1 EL feiner Zucker
1 Prise Salz
1 Ei
200 g Butter
1 kg säuerliche Äpfel
Puderzucker zum Bestreuen

Mehl, Zucker und Salz in eine Schüssel geben. In die Mitte eine Mulde drücken und das Ei und in Stücke geschnittene kalte Butter dazugeben. Alles zusammen schnell zu einem Teig verkneten und eine Stunde im Kühlschrank durchkühlen lassen.
Eine Spring-Form oder Obstkuchenform einfetten und mit dem Teig auskleiden. Den Boden mehrmals mit einer Gabel einstechen.
Die Äpfel schälen, halbieren, vom Kerngehäuse befreien und in schmale Spalten schneiden. Dachziegelartig auf den Teigboden verteilen und bei 250° C 15–20 Minuten backen.
Mit Puderzucker bestreuen und noch warm servieren.

Für, mit und von Freunde(n)

HER MIT DEN KLEINEN HOLLÄNDERINNEN

Wenn ich mit guten Freunden zusammen bin, kann und will ich Essen so richtig zelebrieren. Mit ihnen zusammen kann ich das auch. Entspannt gut essen, lecker trinken und feiern. Und das über Stunden. Solch herrliche Gelage müssen gar nicht in einem Restaurant stattfinden. Im Gegenteil, ich finde es viel schöner, meine Lieben in meiner Wohnung um mich zu scharen oder wiederum meine Freunde zu Hause zu besuchen, da ich bedingt durch Urlaub und Reisen eh schon genug Zeit in Restaurants zubringe.

Der Ehrlichkeit halber sollte ich aber wohl sagen, dass ich für größeren Freundesbesuch nur höchst selten selbst Schnittchen schmiere oder koche. In der Regel bemühe ich dann den ausgesprochen vegetarierfreundlichen Catering-Service Schmatz. Deren Mitarbeiter scheinen wiederum bei meiner Mutter in die Lehre gegangen zu sein, zumindest was die Mengen anbelangt. Ich sage nur Silvester 2004 – 20 Personen waren geladen und für die auch ein Buffet bestellt. Satt davon hätten aber mit Sicherheit dreimal so viele Menschen werden können, so dass ich heute noch Reste davon eingefroren habe.

Werde ich wiederum bei Freunden eingeladen, gibt's da immer köstlichste selbst gekochte Speisen, auch wenn ich immer die kleine dicke Aussätzige am Tisch bin. Während sich die übrige Meute jedes Mal über schwerste Fleischberge hermacht, kredenzt man mir immer ein extra für mich zubereitetes Veggie-Mahl. Was mich

Im Kreise meiner Liebsten.

einerseits natürlich total freut, weil sich meine Freunde immer riesige Mühe für mich machen. Andererseits wurmt es mich auch regelmäßig, dass keiner meiner mir Nächsten auch so ohne weiteres auf tierisches Gut auf dem Teller verzichten mag. Obwohl ich mich ja nicht beschweren darf. Ich mag ja auch nicht auf den Fleischgeschmack verzichten – er darf halt nur nicht wirklich tierischen Ursprungs sein.

Und außerdem ist es schön zu sehen, wie meine Freunde jedes Mal vor einem gemeinsamen Essen ihre Köpfe zusammenstecken und beraten, welche vegetarische Köstlichkeit man mir wohl dieses Mal vorsetzen könne. Und regelmäßig verblüffen sie mich aufs Neue mit ungewöhnlichen Kombinationen, von denen einige auch auf den kommenden Seiten abgedruckt sind.

Ein Ritual, das sich über die Jahre bei uns eingebürgert hat, will ich Ihnen nicht vorenthalten. Wann auch immer es meine Lieben und mich in ein Restaurant zieht, werden spätestens zum Dessert aus den Servietten kleine Partyhüte gebastelt und auf den Kopf gesetzt. Fragen Sie mich bitte nicht mehr, wo dieser ausgesprochen dekorative Ritus seinen Ursprung hat, aber ich kann mich an keinen Restaurantbesuch innerhalb der letzten zehn Jahre erinnern, wo nicht irgendwann die gesammelte Mannschaft am Tisch wie eine Horde Hollandmädchen auf der Flucht aussahen.

Damit Sie dieses ebenso hübsche wie praktische Stoffserviettenhütchen zuhause direkt nachklöppeln können, auf der folgenden Seite nun die Faltanleitung.

1 2

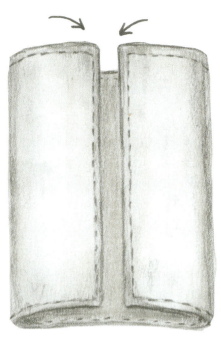

**Faltanleitung
„Serviettenhut"**

3

4

5

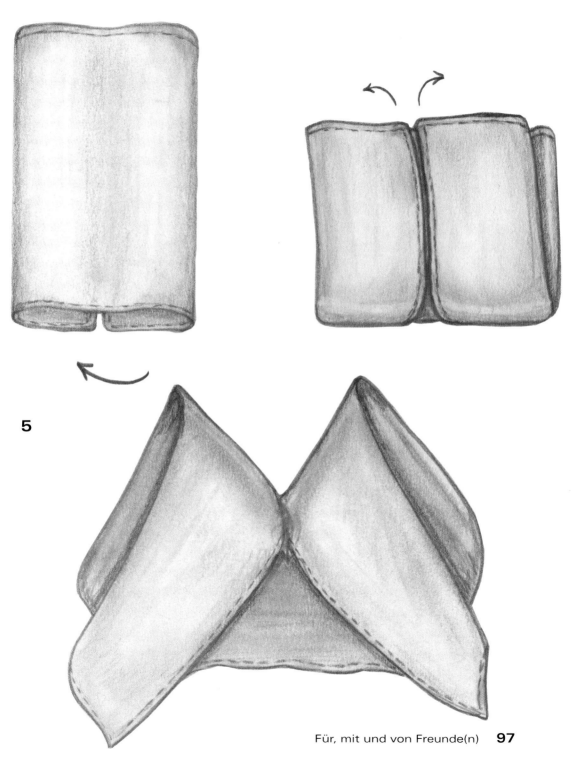

Für, mit und von Freunde(n)

ORANGEN-MÖHRENSUPPE MIT INGWERRAHM

Bei dieser Suppe stimmt einfach alles. Herzhaft und ein bisserl scharf trifft auf süß und fruchtig. Vor allem der Ingwer verleiht dem Ganzen eine ganz besondere Note. Natürlich muss man für die Suppe kein Macadamia-Nussöl verwenden, aber ein Öl mit einem leicht nussigen Geschmack sollte es schon sein. Das aus meinem ungeübten Koch-Munde mag vielleicht komisch klingen. Aber ich habe es selbst ausprobiert und kann einfach bestätigen, dass das so ist.

1 Zwiebel
400 g Möhren
50 g Butter
1/4 l Orangensaft
1/4 l Gemüsebrühe
3 Orangen
2 EL Macadamia-Nussöl
Salz, Pfeffer

Für den Ingwerrahm:
1 Ingwerknolle
1 EL Honig
1/8 l Sahne
1 EL Limonensaft

Zwiebel schälen und klein schneiden. Möhren putzen, 1 Möhre in feine Streifen, den Rest in grobe Stücke schneiden. Zwiebelwürfel in Butter anschwitzen, Möhrenstücke zugeben. Mit Orangensaft und Gemüsebrühe auffüllen und langsam gar köcheln lassen.
In der Zwischenzeit die Orangen für die Einlage filetieren.
Die fertige Suppe mit einem Mixstab pürieren, das Macadamia-Nussöl dazugeben und mit Salz und Pfeffer würzen. Die Orangenfilets und die Möhrensteifen als Einlage hinzufügen.
Für den Ingwerrahm den Ingwer schälen, in feine Würfel schneiden und mit dem Honig in der Pfanne karamellisieren. Abkühlen lassen und mit dem Messer sehr fein hacken.
Sahne mit Limonensaft steif schlagen und den karamellisierten Ingwer unterheben.
Suppe in tiefen Tellern anrichten und mit dem Ingwerrahm garnieren.

FLIEDERBEERENSUPPE MIT GRIESSKLÖSSCHEN

Ein Suppenrezept von meinem Freund und Kollegen, der „Mutti". Die ist nämlich gebürtige Husumerin. Das liegt an der Nordsee, und da ist es im Winter bitterkalt, furchtbar grau und das Meer kommt nur ganz selten zu Besuch. Angeblich ja immer dann, wenn Flut ist. Aber ich halte das für einen Mythos, denn als ich mal in Husum war – immerhin ganze zwei Tage und Nächte – habe ich das Meer kein einziges Mal gesehen. Aber ich sag nix...

Dafür kann der gemeine Husumer sehr, sehr schöne Suppen kochen. Zum Beispiel diese hier – eine süße Suppe mit herrlich leckeren, ganz mächtigen Klößen!

Für die Suppe:
300 g Flieder- oder Holunderbeeren
60 ml Wasser
50 g Zucker
20 ml Limonensaft
1/4 l Rotwein
20 ml Mandelöl
Salz, Pfeffer, Cayennepfeffer

Für die Grießklößchen:
1/4 l Milch
50 g Butter
Salz
125 g Grieß
1 Ei
Muskatnuss

Einige Fliederbeeren für die Einlage zurückbehalten, alle restlichen Zutaten für die Suppe in einen Topf geben und kochen bis die Beeren weich sind. Gut durchpürieren und warm stellen.

Für die Klöße Milch, Butter und etwas Salz aufkochen. 100 g Grieß unter ständigem Rühren einrieseln lassen. Wenn sich die Masse vom Topf löst, den restlichen Grieß und das Ei dazugeben, mit Muskatnuss würzen. Kleine Klößchen formen und in Salzwasser gar kochen.

Die Suppe mit den Fliederbeeren und den Grießklößchen anrichten.

RUCOLA-BIRNEN-KÄSESALAT

Der mit Abstand beste Salat der Welt. Höchst einfach und höchst bekömmlich! Und er vereint zwei der wichtigsten Kücheningredienzen des Bach'schen Essenshaushalts: Birnen und Käse!

1 reifer Weichkäse (z. B. Brie de Meaux)
4 Birnen
4 Bund Rucola

Für das Dressing:
1 Schalotte
1/8 l Balsam-Essig
1/8 l Himbeer-Essig
1/8 l Ahornsirup
Salz, Pfeffer
1/8 l Sonnenblumenöl
1/8 l Walnussöl

Weichkäse eine Stunde vor dem Verzehr aus dem Kühlschrank nehmen und in grobe Stücke schneiden.
Birnen waschen, vierteln und entkernen. Rucola waschen und abtropfen lassen.
Für das Dressing die Schalotte schälen und fein hacken. Mit den Essigsorten und dem Ahornsirup vermischen, mit Salz und Pfeffer würzen und erst zum Schluss langsam die Ölsorten unter ständigem Rühren hinzufügen.
Den Rucolasalat mit dem Dressing anmachen, auf Tellern verteilen und mit den Birnenvierteln und dem Weichkäse anrichten.

FAJITAS MIT PORTOBELLO-PILZEN

Der Portobello-Pilz ist ein aus den USA stammender Zuchtpilz, eine Art sehr ausgereifter brauner Riesenchampignon. Und wie auch immer diese Pilzbauern das hinbekommen haben, das Ergebnis schmeckt phänomenal – leicht nach Mandel und Nuss – und ist auch noch ganz fest im Biss. Immer öfter kann man diese Pilze – zum Glück – auch in deutschen Gemüseläden oder Supermärkten kaufen. Wenn Sie also mal über diese außergwöhnliche Pilzart stolpern: sofort einkaufen und als Fajita gerollt servieren.
Der Pilz schmeckt allerdings auch so klasse. In Scheiben geschnitten, kräftig gewürzt und kurz gebraten ist er für mich die allerbeste, vegetarische Steakvariante.

1/2 rote Paprika	1 1/2 reife Avocados
2 kleine Zwiebeln	Saft von 1 Zitrone
4–6 große Portobello-Pilze (ersatzweise Riesenchampignons)	2 Strauchtomaten
	1 Becher Crème fraîche
4 EL Burrito- oder Fajita-Fertigwürzmischung	1 Becher Magerjogurt
	1–2 Packungen Tortillas
1/2 TL getrockneter Oregano	je 1 Bund Koriandergrün, Schnittlauch und Petersilie
Balsam-Essig	
Olivenöl	100 g geriebener Käse
Salz, Pfeffer	

Die Paprikahälfte waschen, vierteln, entkernen und in Streifen schneiden. Eine der Zwiebeln schälen und in Ringe schneiden. Portobello-Pilze säubern und in Filetstreifen schneiden.
Burrito- bzw. Fajita-Gewürzmischung mit dem Oregano, 50 ml Balsam-Essig und 50 ml Olivenöl vermischen, Pilze 30 Minuten darin marinieren.
Olivenöl in einer Pfanne erhitzen und die Pilzscheiben zusammen mit Zwiebelringen und Paprika anbraten, mit Salz und Pfeffer würzen.
Für die Guacamole die Avocados halbieren, den Kern herauslösen, die Hälften schälen und mit einer Gabel zerdrücken. Mit Zitronensaft, Salz und Pfeffer abschmecken.
Die Strauchtomaten waschen und vierteln, die zweite Zwiebel schälen, fein hacken und mit den Tomaten mischen. Diese Salsa mit etwas Balsam-Essig und Olivenöl abschmecken.
Die Crème fraîche und den Jogurt in einem Schälchen glatt rühren, die Kräuter waschen, trockenschütteln und fein hacken.
Die Tortillas erwärmen und auf jede Tortilla etwas von der Pilz-Mischung, der Guacamole, der Salsa und der Jogurt-Crème fraîche geben. Das Ganze mit den Kräutern und dem Käse bestreuen und die Tortillas zusammenrollen.

SPINATLINSEN MIT MINZE UND JOGURT

Klingt nach einer seltsamen Komposition, ist aber gar zu köstlich!

1 Bund frisches Basilikum
1 Bund frische Petersilie
1 Hand voll frische Minzblätter
250 g Jogurt mit mind. 3,5 % Fett
Salz, Pfeffer
1 Stückchen Ingwer
1/4 l Gemüsebrühe
100 g Linsen
1 Knoblauchzehe
Chilipulver
Kurkuma
Kreuzkümmel
2 Schalotten
3 EL Erdnussöl
1 Packung Blattspinat (TK)
Saft von 1/2 Limette
1 Hand voll Rosinen

Kräuter waschen und fein hacken, einige Minzblätter zurückbehalten.
Den Jogurt mit Salz und Pfeffer cremig rühren.
Ingwer schälen und reiben. Die Linsen zusammen mit dem Ingwer in der Brühe halbgar kochen. Inzwischen den Knoblauch schälen und zerdrücken, mit Chilipulver, etwas Kurkuma, etwas Kreuzkümmel (nach Belieben), Salz und Pfeffer mischen.
Schalotten schälen und klein hacken. Öl in einer Pfanne erhitzen und die Schalotten zusammen mit der Knoblauch-Gewürzmischung anbraten. Danach die halbgaren Linsen mit der Brühe hinzufügen und bissfest fertig garen. Die restliche Brühe durch ein Sieb abgießen.
Den Spinat auftauen und nach Anleitung erhitzen. Die heiße Linsenmasse unter den Spinat heben. Die gehackten Kräuter, Limettensaft und die Rosinen untermischen.
Spinatlinsen mit dem Jogurt servieren und mit einigen Minzblättchen garnieren.

CRÊPES

Wenn ich jemals auf eine einsame Insel muss bzw. wenn ich dort mal strande, dann will ich neben meinen Lieblings-Büchern und allen Boy-George-Liedern auf meinem i-Pod definitiv eine Endlosration an Crêpes, Pfannekuchen oder anderen Mehlspeisen dabei haben. Wenn Sie das hier aufgeführte Crêpes-Rezept probieren, verstehen Sie auch warum! Göttlich!

2 EL Butter
1/2 l Milch
250 g Weizenmehl
3 Eier
2 EL Zucker
1 Prise Salz
Butterschmalz zum Ausbacken

Die Butter in ein Töpfchen geben und zerlassen, die Milch leicht erwärmen, aber nicht aufkochen. Das Mehl in eine Schüssel sieben, eine Mulde hineindrücken. Eier, Zucker, Salz und die zerlassene Butter in die Mulde geben und alles vermischen. Den dünn-flüssigen Teig etwa eine halbe Stunde ruhen lassen.
Butterschmalz in der Pfanne erhitzen, etwas von dem Teig hineingeben und die Pfanne schwenken, sodass sich die Masse gleichmäßig verteilt. Backen, bis die Unterseite fest ist, dann vorsichtig wenden und die zweite Seite fertig backen.

Tipp:
Die Crêpes kann man mit Nutella oder Marmelade bestreichen, mit Zucker und Zimt bestreuen oder mit Orangenlikör flambieren. Wer's lieber herzhaft mag, der lässt den Zucker im Teig weg und belegt seinen Crêpe mit Pilzen, Spinat, Käse oder anderen Leckereien.

THAILÄNDISCHER NUDELSALAT AUS DEM WOK

Auch dieses Rezept ist ein Beispiel dafür, dass Tofu nicht unbedingt langweilig sein muss. Geflutet in Kokosmilch und mit Schalotten aromatisiert ist er ein Gedicht!

400 g Reisnudeln
250 g Tomaten
400 g Tofu
100 g Schalotten
Erdnussöl
300 g frische Bohnensprossen

4 EL pürierte Bohnen
300 g Cashewkerne
Zucker
Salz
3/4 l Kokosmilch

Reisnudeln weich kochen. Tomaten kreuzweise einschneiden, kurz in heißes Wasser tauchen, die Haut abziehen und das Fruchtfleisch grob hacken. Tofu würfeln, Schalotten schälen und fein schneiden.
Im Wok etwas Erdnussöl erhitzen, die Schalotten und die gekochten Nudeln braun und knusprig braten und dann zur Seite stellen.
Nochmals etwas Öl in den Wok geben und das Gemüse, den Tofu und die Nüsse anbraten. Mit den Gewürzen abschmecken und mit Kokosmilch auffüllen. Nudeln dazugeben, gut durchmischen und lauwarm servieren.

SENF-EIER

Eier sind wunderbar. Aber nur, wenn sie freiwillig gelegt worden sind, von Hühnern, die garantiert fröhlich und mit sehr viel Beinfreiheit gackernd und überall pickend durch die Gegend laufen durften. Nur glückliche Eier sind gute Eier. Und die dann mit einer schönen Senfsauce – das ist immer lecker. Eine tolle amerikanische Variante sind die „Devil Eggs": Dabei werden hart gekochte Eier halbiert und das Eigelb entnommen. Letzteres wird dann mit etwas Majonäse und Harissa verquirlt und dann wieder in die Eierhälften gegeben!

2 EL Butter
3 EL mittelscharfer Senf
2 EL Mehl

1/2 l Gemüsebrühe
Salz und Pfeffer
8 Eier

Die Butter zerlassen, den Senf darin anschwitzen, mit Mehl bestäuben und mit der Gemüsebrühe auffüllen. Mit Salz und Pfeffer würzen. Die Eier 5–8 Minuten kochen, pellen und in die Senfsauce legen. Dazu passen Butterkartoffeln.

KÄSEFONDUE

Fondue ist ohne Zweifel eine der geselligsten Arten zusammen zu essen. Man lässt sich viel Zeit, genießt im wahrsten Sinne des Wortes häppchenweise und kann selbst entscheiden, wann man in die nächste Essrunde steigt! Und ich bitte Sie: Geschmolzener Käse, wer kann dazu schon nein sagen. Erst recht, wenn sich darin auch noch lecker Kirschwasser befindet. Damit sollten Sie auch definitiv nicht sparen. Unsere Mengenangaben hier sind allenfalls Richtwerte. Sky's the limit!

3 Knoblauchzehen
400 g Gruyère-Käse
200 g Raclette-Käse
300 ml Weißwein
3 TL Speisestärke
60 ml Kirschwasser
frisch gemahlener Pfeffer

Knoblauch schälen, 2 Zehen fein würfeln, 1 Zehe halbieren und mit den Schnittflächen den Fonduetopf ausreiben. Käse und Wein unter Rühren langsam erhitzen, bis der Käse geschmolzen ist. Stärke mit etwas Wasser verrühren und zugießen, zum Schluss das Kirschwasser und den Pfeffer dazugeben.
Zum Eintauchen in das Fondue kann man Brotwürfel, Nüsse, Früchte oder Dr. Nemec-Ersatzwurst reichen.

KÄSE-LAUCH-FLAMMKUCHEN

Unglaublich aber wahr, den habe ich im Tiefkühlfach des Bioladens meines Vertrauens kennen gelernt. Aber auch selbst gemacht einfach lecker. Die optimale Pizza-Alternative, die sich wunderbarst mit Freunden knuspern lässt, wenn man sich zu Fernsehereignissen erster Güte trifft, wie z. B. der Vorentscheidung des Eurovision-Gesangcontests.

Für den Teig:
15 g frische Hefe
400 ml Wasser
600 g Mehl
2 TL Salz

Für den Belag:
4 Zwiebeln
300 g Lauch
50 g Butter
Salz, Pfeffer
Muskatnuss
500 g Crème fraîche
200 g geriebener Emmentaler

Die Zutaten für den Teig abmessen und auf Zimmertemperatur erwärmen. Die Hefe in 3 EL Wasser bröckeln, auflösen, 2 EL Mehl hinzufügen und zu einer Paste verrühren. Abgedeckt 30 Minuten gehen lassen. Dann das restliche Mehl mit dem Salz in eine Schüssel sieben, eine Mulde hineindrücken, die Hefemischung hineingießen. Nach und nach das Wasser zugeben und das Ganze zu einem glatten Teig verarbeiten. Mit einem Tuch abgedeckt erneut 2–3 Stunden gehen lassen, dann nochmals durchkneten und auf einem Backblech zu einem großen dünnen Fladen formen.
Für den Belag Zwiebeln schälen, Lauch putzen und beides in Ringe schneiden. Die Zwiebeln in Butter anbraten, den Lauch dazugeben, kurz mitbraten und mit Salz, Pfeffer und geriebener Muskatnuss würzen.
Die Crème fraîche auf dem Teig verteilen, die Lauchmasse darüber geben und mit Emmentaler bestreuen.
Bei 220° C im vorgeheizten Backofen 15–20 Minuten knusprig backen.

PIZZA MIT BIRNE, GORGONZOLA, NÜSSEN UND RUCOLA

Meine absolute, hundertprozentige und unangefochtene Lieblingspizza – ich bedanke mich von Herzen beim „California Pizza Kitchen" in den USA für dieses außergewöhnliche kulinarische Geschenk. Da habe ich diese Pizza-Variante zum ersten Mal auf der Karte gesehen, gegessen und zu einem meiner Leibgerichte erklärt. Schon die Beschreibung der Zubereitung lässt einem das Wasser im Munde zusammenlaufen: Ein Honigteig, bestrichen mit Zwiebeln und zugedeckt mit himmlischen Birnenstücken und Gorgonzolabröseln. Herrlich.

Diese Pizza ist übrigens einer der wenigen wirklich funktionierenden Wege, mir gesunden, grünen Salat zu verabreichen.

Als Variante schmeckt auch die ur-amerikanische Version der Pizza: Da wird der Zwiebelbelag mit einer Mischung aus Mozarella und Fontina-Käse bestreut. Und statt einer Vinaigrette macht man den Salat mit einem deftigen Ranch-Dressing an und mischt den Rucola zusätzlich mit Radicchio!

Für zwei Pizzas mittlerer Größe

Für den Teig:
150 g Roggenmehl
150 g Weizenmehl
1/8 l warmes Wasser
30 g frische Hefe oder 1 Tüte Trockenhefe
1 TL Zucker
5 TL Honig
1 Prise Salz

Für den Salat:
8 EL Olivenöl
4 EL Balsam-Essig
1 TL süßer Senf
Salz, Pfeffer
200 g Rucola
50 g Gorgonzola

Für den Belag:
2 Kugeln Mozzarella
2 rote Zwiebeln
4 EL Butter
1 TL Rotwein-Essig
1 TL Balsam-Essig
1 TL Sojasauce
Salz, Pfeffer
1 große Birne
150 g Gorgonzola
50 g Walnüsse

Für den Teig die Zutaten abmessen und auf Zimmertemperatur erwärmen. Mehlsorten mischen und in eine Rührschüssel sieben. Die Hefe in dem Wasser auflösen, 4 EL von der Mehlmischung und den Zucker zufügen und zu einem Brei verrühren. Die Mischung an einem warmen Ort unter einem Tuch 30 Minuten gehen lassen. Den

Honig leicht erwärmen (z. B. in der Mikrowelle) und mit dem restlichen Mehl und dem Salz verrühren. Eine Mulde in die Mischung drücken, den Hefebrei hinzufügen und das Ganze mit den Händen zu einem glatten Teig verarbeiten. Mit einem Tuch abdecken und 2–3 Stunden gehen lassen. Danach den Teig nochmals mit bemehlten Händen gut durchkneten, ausrollen und zwei Pizzas daraus formen.

Für den Belag den Mozzarella ins Gefrierfach legen und mindestens eine halbe Stunde anfrieren lassen, damit man ihn später besser raffeln kann.

Dann die Zwiebeln schälen und in schmale Ringe schneiden. Die Butter zerlassen und die Zwiebeln darin glasieren, bis sie zu bräunen beginnen. Mit dem Essig ablöschen und bei kleiner Hitze weiter köcheln. Die Sojasauce dazugeben, mit Salz und Pfeffer abschmecken und nochmals einige Minuten köcheln lassen. Die Masse auf dem Pizzateig verteilen.

Die Birne schälen und in schmale Scheiben schneiden. Gorgonzola grob zerbröseln, Mozzarella aus dem Gefrierfach nehmen und grob raffeln. Beides zusammen mit den Birnenstücken und den Nüssen auf dem Pizzateig verteilen.

Die Pizzas bei 250° C 10 Minuten im Ofen backen.

Für das Salatdressing Öl, Essig und Senf vermischen und mit Salz und Pfeffer abschmecken. Den Rucola waschen, abtropfen lassen und mit dem Dressing anmachen. Den Rucolasalat auf die fertigen Pizzas geben und den Gorgonzola darüber bröseln.

MAIS-TOMATENSUPPE MIT WALNUSSSAHNEHAUBE

Ich weiß nicht mehr, wem ich dieses geniale Rezept zu verdanken habe. Aber wer auch immer es war – ihr oder ihm gebührt ein Riesendankeschön, denn die Suppe vereint zwei meiner Speise-Lieblinge: Mais und Walnüsse!

600 g Tomaten
1 kleine Zwiebel
50 g Butter
20 g Mehl
1 EL Tomatenmark
1/4 l Gemüsebrühe
8 Pfefferkörner
1 Lorbeerblatt
Zucker
Salz
Zitronensaft
1/4 l Sahne
50 g Walnüsse
1 EL Walnussöl
100 g Maiskörner

Tomaten kreuzweise einritzen, in heißes Wasser tauchen, schälen und das Fruchtfleisch klein schneiden. Zwiebel schälen und hacken.
Butter in einem Topf zerlassen, Zwiebelwürfel darin anschwitzen und mit Mehl bestäuben. Tomatenfruchtfleisch und Tomatenmark dazugeben und mit der Gemüsebrühe aufgießen. Mit Pfefferkörnern, Lorbeerblatt, Zucker, Salz und Zitronensaft würzen und ca. 30 Minuten kochen lassen. Dann die Suppe durch ein Sieb passieren.
Sahne schlagen. Walnüsse klein hacken und zusammen mit dem Walnussöl unter die Sahne heben. Die Maiskörner in die Suppe geben und die Suppe mit der Walnusssahne anrichten.

BUCHWEIZENPFANNKUCHEN – SÜSS & HERZHAFT

Drei Dinge braucht der Mensch zum Glücklichsein: Friede, Freude und Pfannekuchen!

Grundteig:
5 Eier
130 g Buchweizenmehl
120 g Weizenmehl
1/4 l Milch
20 g Butter
1 EL Butterschmalz
Salz

Süße Variante (Foto):
2 EL Honig
Vanille-Mandelöl
2 Äpfel
1 EL Butterschmalz
Zimt
Zucker

Herzhafte Variante:
1 Bund gemischte Kräuter
50 g Ersatz-Speckwürfel
Salz, Pfeffer
1 EL Butterschmalz

Die Eier trennen. Eigelb in eine große Schüssel geben, Eiweiß schaumig schlagen. Mehl, Milch, Butter, Butterschmalz und Salz zum Eigelb geben, mit einem Mixer zu einem glatten Teig verrühren.
Zum Schluss das Eiweiß vorsichtig unterheben.

Für die süße Variante: Dem Grundteig 2 EL Honig und etwas Vanille-Mandelöl beimischen. Zwei Äpfel waschen, entkernen, in Scheiben schneiden und unterheben. Das Butterschmalz in einer Pfanne erhitzen und aus dem Teig Pfannkuchen von beiden Seiten goldbraun backen.
Vor dem Servieren mit Zimt und Zucker bestreuen.

Für die herzhafte Variante: Kräuter waschen, trockenschütteln und hacken. Speckwürfel in etwas Butterschmalz scharf anbraten und dem Grundteig zusammen mit den Kräutern beifügen. Mit Salz und Pfeffer würzen, Butterschmalz in einer Pfanne erhitzen und den Teig zugeben. Pfannkuchen von beiden Seiten goldbraun backen.

BAYERISCHE CREME MIT HIMBEERSAUCE

Die hinreißendste aller Nachspeisen, die je für mich gekocht wurde. Und zwar erstmals beim Weihnachtsessen 2004 bei Freunden von mir. Nicht ganz einfach zuzubereiten, weil das Arbeiten mit Agar-Agar wohl doch etwas komplizierter ist. Aber ich mag nun mal keine Gelatine essen.
Und da sind dann meine Freunde doppelt gefordert, wenn sie sich so schöne Desserts für mich ausdenken. Aber glauben Sie mir, der Zweck heiligt hier alle Mittel. Den Mehraufwand nimmt man gerne in Kauf, wenn man anschließend eine derart himmlische Creme löffeln darf.

2 Vanilleschoten
300 ml Milch
1 gestr. TL Agar-Agar
4 Eigelb

100 g Puderzucker
1/4 l Sahne
1 Päckchen Himbeeren (TK)
Himbeergeist

Vanilleschoten der Länge nach aufschlitzen, das Mark herauskratzen. Schoten und Mark zur Milch geben und diese langsam zum Kochen bringen. Das Agar-Agar einrühren und mindestens 2 Minuten weiterkochen, dann vom Herd nehmen.
Eigelb in einen Topf geben, den man später ins Wasserbad stellen kann. Den Puderzucker dazusieben und das Ganze mit dem Handrührer schaumig rühren, bis der Zucker gelöst ist und eine gelbliche-weiße Masse entstanden ist. Den Topf in ein kochendes Wasserbad stellen, die Vanilleschoten aus der Milch nehmen und die Milch unter ständigem Rühren langsam zur Eier-Zuckermasse gießen.
Die Schüssel mit der Milch-Eier-Zuckermischung im Wasserbad unter ständigem Schlagen mit dem Schneebesen erhitzen, ohne dass das Ei gerinnt, bis eine dickliche, cremige Masse entstanden ist. Zum Schluss die Sahne steif schlagen, vorsichtig unter die Creme ziehen und die Masse im Kühlschrank gelieren lassen.
Einige Himbeeren zum Garnieren beiseite stellen, die restlichen Himbeeren für die Himbeersauce erhitzen, nicht zu sehr süßen, pürieren und durch ein feines Sieb streichen. Himbeergeist nach Belieben hinzufügen und ebenfalls kühlen.
Zum Anrichten Nocken von der Bayerischen Creme abstechen und in Gläser füllen, mit Himbeersauce begießen und mit Himbeeren garnieren.

Achtung: Agar-Agar geliert langsam, d.h. die Creme geliert nicht schon während des Abkühlens, sondern erst nach völligem Erkalten. Die Creme muss daher einige Stunden im Kühlschrank bleiben.

APFELTRÄUME A LA DIRK

Not macht ja bekanntlich erfinderisch. Vor einigen Jahren wurde ich von einer Zeitschrift gebeten, ein Rezept zu einer Sammlung von Apfel-Leckereien beizusteuern. Und ich sage halt so ungern „Nein". Das Problem war jedoch: Ich, der ich doch kaum koche, hatte nicht die geringste Idee, was ich denen hätte schicken sollen. Also habe ich mich mit Freunden in die Küche geschwungen und ein ganzes Wochenende lang Rezepte ausprobiert, variiert und kombiniert. Das Wochenende war in jeder Hinsicht produktiv – ich habe durch das viele Probieren mindestens drei Kilo zugenommen, das „Alte Land" ist durch diese zwei Tage auf Jahre saniert worden (weil ich wahrscheinlich deren gesamte Jahresernte an Äpfeln aufgekauft habe, um ein schönes Rezept zu klöppeln) und trotzdem halte ich dieses Wochenende in bester Erinnerung. Denn herausgekommen ist dieser Apfeltraum!

6 Eier
125 ml Sahne
5 mittelgroße saftige Äpfel
125 g brauner Zucker
1 Zimtstange
Schale von 1 Limette

1 Päckchen Vanillezucker
gemahlener Zimt
1 TL Calvados
50 g geraspelte Schokolade
Puderzucker
Zimt

Die Eier trennen. 2 Eiweiß sehr steif schlagen, die Sahne steif schlagen.
Die Äpfel waschen, entkernen und vierteln. Den Zucker mit ca. 150 ml Wasser aufkochen, die Zimtstange, die Limettenschale und die Apfelviertel hinzugeben und alles so lange kochen, bis die Äpfel leicht mürbe, aber immer noch bissfest sind. Dann Äpfel, Zitronenschale und Zimtstange wieder herausnehmen und den Sud abkühlen lassen.
5 Löffel des Apfelsuds zusammen mit dem Vanillezucker, Eigelb und etwas gemahlenem Zimt zu einer Creme verschlagen. Die steif geschlagene Sahne und den Eischnee darunter heben und mit etwas Calvados verfeinern.
Die Apfelviertel in Scheiben schneiden und eine Form damit auslegen. Die Äpfel mit Schokoraspeln bestreuen, dann die Sahne-Vanille-Eigelbcreme darüber geben. Etwas Puderzucker mit Zimt vermischen und die Creme damit bestäuben.
Im vorgeheizten Backofen bei 230° C auf der oberen Schiene 10–12 Minuten gratinieren.

BUNTE JELLY-SHOTS MIT WODKA

Der wahrscheinlich einzige Grund, warum es auf den Betriebsfesten in den Vereinigten Staaten am späteren Abend immer wieder zu Geschlechtsverkehr kommt. Eindeutig ein Rezept nur für Erwachsene – für die aber unbedingt zu empfehlen.

1 Beutel Agar-Agar oder Agartine von „Ruf"
250 ml Wasser
250 ml Wodka
Fruchtsirup, z. B. Waldmeister, Ananas oder Kirsche

Alternativrezept:
1 Beutel Agar-Agar oder Agartine von „Ruf"
250 ml guter Fruchtsaft mit hohem Fruchtanteil,
   z. B. Kirschsaft, Ananassaft oder Orangensaft
250 ml Wodka

Den Agar-Agar in 250 ml Wasser oder Fruchtsaft aufkochen, bis er sich vollständig aufgelöst hat und mindestens 3 Minuten kochen lassen, sonst geliert er nicht richtig. Etwas abkühlen lassen.
Den Wodka und gegebenenfalls einen Schuss Sirup zur Agar-Agar-Mischung geben, das Ganze in Schnapsgläser füllen und im Kühlschrank kalt stellen. Die Jelly-Shots sollen nicht ganz gelieren, sondern nur halbfest werden, sodass man sie noch trinken kann.

Hella von Sinnen
Schauspielerin und beste Freundin

Hella von Sinnen und ich als Adolf und Eva im „Adolfissimo-Sketch" der RTL-Comedy „Hella und Dirk"

Dickie war immer schon Vegetarier. Er war immer felsenfest davon überzeugt, dass Frikadellen und Würstchen auf Bäumen wachsen.

Das Urmel
Das Putzigste aus dem Eis

Warum ich Dirk Bach so mag? Weil er nie in die Versuchung kommen wird, mich in die Bratpfanne zu stecken. Schließlich bin ich kein Gemüse, sondern das Urmel aus dem Eis.

Aus dem Poesiealbum von Wutz
Haushälterin

Wer Tiere isst – frisst!
Um kultiviert zu essen, muss man Fleisch vergessen.
Und wenn Dirk Bach Karotten schmort,
des Gastes Appetit rumort!

Frank Legerlotz
Koch und Caterer

Dirk und Lieblings-Caterer Frank

Wenn wir zusammen drehen, hält Dirk sich in den Wartezeiten zwischen zwei Takes oft und gerne in unserem Catering-Wagen auf. Zuletzt bei der RTL-Sketchcomedy „Hella und Dirk". Da drehten wir einmal an der Kölner Flora und hatten den Wagen etwas ungünstig auf einem Bürgersteig geparkt und davor ein Frühstücksbüffet für das Team aufgebaut. Prompt beschwerten sich einige Anwohner und schickten eine Polizeistreife vorbei. Dirk saß gerade, für die nächste Szene als Klofrau verkleidet und mit Thermoskanne bewaffnet bei mir im Wagen, als ein Polizist vorbeikam und uns anwies, den Bürgersteig freizuhalten. Nur so aus Spaß sagte ich zu Dirk: „Los Rita, geh schon mal vor und räum draußen auf!" Rita

Dirk als Klofrau und Hobby-Aufräumerin Rita

alias Dirk tat das auch, und bekam sogar noch Hilfe von dem Polizisten. Fast zehn Minuten waren die beiden am Arbeiten und Räumen und erst dann brach der Polizist in schallendes Gelächter aus. Bis dahin hatte er Dirk nicht erkannt.

Dirk als Eva B. beim Blitzbesuch der mobilen Küche

Max Kruse
Autor und Vater des Urmels

Wenn man, um so großartig lesen zu können wie Dirk Bach, Vegetarier sein muss, dann sollten all unsere Kinder vegetarisch essen. Schon wäre jeder Kummer um Pisa-Studien behoben.

Claus Vinçon
Schauspieler

Dirk ist nicht dick vom Essen, sondern weil er so viel Leben in sich hat.

Lisa Fitz
Kabarettistin

Seit 30 Jahren will ich Vegetarierin werden! Wird man dann auch so fröhlich wie du?

Rainer Bielfeld
Sänger

Auch Vegetarier können fröhlich sein! Liebe Grüße und viel Erfolg dem Kochbuch.

...da Stievermann
...auspielerin

...a freut sich mit mir über
...st gebackenen Kuchen

...fang der 1980er Jahre
...men Dirk und ich uns
...elmäßig vor, unseren Spei-
...lan aufzubessern. Und
... möglichst preiswert,
...n wir hatten beide ja
...m Geld. Und so tummel-
... wir uns auf jedem Event,
...s was zu essen gab. Ob
... Eröffnungspartys, offi-
...e Empfänge oder interne
...riebsfeste der Stadtspar-
...se Köln waren – wir
...en da!
...es Tages hörten wir von
...er Feier im Belgischen
...s. Selbstbewusst und
...lerweile schon heimisch
...orden in der internationa-
...kulinarischen Welt, betra-
...wir überpünktlich den
... leeren Saal. Dort hatte
...n in der Mitte eine große
...amide nur aus belgischen
...okoladentrüffeln errichtet.
...tschend stürzte sich Dirk
... die Kugeln, um sich
...ge davon in die Taschen
...es grünen Parkas zu
...fen. Plötzlich stürzte aus
... Nichts ein Fotograf
...or, um ein Bild von Dirk
...achen. Dirk erschrak so
...tbar, dass er wie vom
...er gerührt erst erstarrte
... dann alle Kugeln einfach
...den Boden fallen ließ. Mir
...leider keine Zeit mehr,
... Fotografen nach einem
...g zu fragen, denn Dirk
...ss wie ein geölter Blitz
...ir vorbei Richtung
...gang. Wochenlang quälte
...ch danach mit dem
...nken herum, dass in
...deiner Zeitung mögli-
...weise das Foto erschei-
...könnte, das ihn als
...okoladendieb entlarven
...e.

Gayle Tufts
Entertainerin

Als Dirk, Ralph Morgenstern und ich gemeinsam in Berlin in dem Musical „Der Glöckner von Nôtre-Dame" spielten, mussten wir alle sehr auf die Ernährung achten. Wir hatten nur zehn Tage Zeit to learn an entire Musical – Songs, Text, Choreografie – and we had to spiel it all auf einem Bühnenbild aus 16 gigantischen ständig auf- und abfahrenden hydraulischen Metallpodesten. We had to be very fit und immer sprungbereit.
It wasn't easy to be sprungbereit, wenn wir nach der Mittagspause aus der Kantine kamen. Die Köchinnen waren große Fans von Dirk, und machten sich ständig Sorgen um ihn. Als Vegetarier sei er doch bestimmt immer hungrig, und als Kompensation luden sie ihm überdimensionale, massive, Himalaya-große Portionen Reis, Currys, Nudeln und diverse Desserts auf die Teller. „Naja, wenn er so viel herumspringt, braucht er Energie!" People love to ernähr Dirk.

Ole Tillmann
Schauspieler und Moderator

Dirk und gut essen, das passt wunderbar! Altijd gelukkig koken en lekker groetjes van Ole.

Barbara Schöneberger
Moderatorin

Szenenfoto aus der RTL-Comedy „Hella und Dirk"

Dirk nennt mich zu Recht seine verfressenste Freundin. Wo auch immer wir sind – ich kann ihm immer sagen, wo das Büffet ist und ob es da was Nennenswertes gibt. Ich koste vor, ich schmecke ab, ich berate ihn, damit er nicht alles probieren muss. Ich liebe Menschen, die nach Genuss aussehen. Guten Appetit!

Hans Kantereit
Autor

Ich hatte in diesem Leben schon das eine oder andere Mal das Vergnügen, mit Dirk in einem guten Restaurant essen zu dürfen und kann sagen: Eine gute Mahlzeit ist für ihn ein Gottesdienst, und mit ihm speisen zu dürfen ein religiöses Erlebnis. Auf dem Weg zum Gotteshaus herrscht feine, stille Andacht. Eine leckere Vorspeise nimmt er entgegen wie eine Hostie. Bei einem schönen Hauptgericht führt er Messer und Gabel mit einer Feierlichkeit, als würde er einen Kirchenchor dirigieren, und wenn Wein und Nachtisch auch gut waren, kann er mit seinem Blick eine solche barmherzige, selig machende Dankbarkeit verströmen, dass sich alle Sünden in der Umgegend, und zwar vergangene wie zukünftige, ganz von alleine vergeben. Amen.

Isabel Varell
Sängerin und Schauspielerin

Vier Jahre lang blieb ich tapfer, aß höchstens mal etwas Fisch, lebte aber ansonsten vegetarisch. Tja, und dann lockte der Dschungel – mit dir. Und da musste ich ja schon so manches Fleisch essen, um überhaupt etwas zu essen zu bekommen. Zum Glück hat mich die Zivilisation wieder und ich lasse wieder die Finger von den süßen lieben Tierchen – außer von dir.

Cordula Stratmann
Schauspielerin und Kabarettistin

Wenn ich auf Dirk treffe, muss ich mich stets irre unter Kontrolle haben, dass ich ihm nicht ein fettes Stück aus dem Nacken beiße, weil er dort seinen sauleckeren Herrenduft platziert. Er kann meinen Appetit auf seinen Nacken natürlich nicht nachvollziehen – als Vegetarier.

Maren Kroymann
Schauspielerin, Sängerin und Kabarettistin

Mit Dirk verbinden mich viele gemeinsame Projekte, von denen die schönsten nie zustande kamen. Schade, aber egal! Was uns bei allem bleibt, ist der Nachhall großartiger und inspirierender Mahlzeiten in stilsicherer Enthemmtheit und würdevoller Entgrenzung.
Ich konnte „Ja" sagen zu gigantischen Pastrami-Sandwiches im nächtlichen Manhattan. Bei Dirk konnte ich lernen, dass die Größe eben manchmal doch entscheidend ist! Natürlich gehörten da immer auch schlechtes Licht und Plastiktische dazu.
Oder tellerüberlappende panade-verkleidete Schnitzel mit Fritten in Brüssel! Ich, die ich Gemüse doch eigentlich viel mehr liebe, habe wirklich solche Sachen gegessen.
Von Dirk habe ich auch den Begriff „Sichtvegetarier" gelernt. Das heißt, man isst zwar Fleisch, aber nichts, was auch nur entfernt wie Fleisch aussieht. Würstchen, Buletten und all diese Dinge (obwohl gerade da die ekligsten Dinge drin sind) durfte man also essen. „Sichtvegetarier", das ist eine Art vorvegetarischer Regressionszustand. Das hat was Kindliches. Mir gefällt es gut.
Dirk ist aber tatsächlich erwachsen geworden und isst seit Jahren – scheinbar ohne Anstrengung – kein Fleisch mehr. Überhaupt kein Tier. Chapeau, lieber Dirk! Können wir uns dann nicht vielleicht mal auf ein bis drei Tofu-Würstchen treffen? Obwohl die ja irgendwie auch pervers sind!
Aber noch lieber möchte ich mit dir bitte wieder ein ganzes Menü essen, so richtig ausschweifend wie früher. Ich vermisse deinen anerkennenden, fast zärtlichen, sympathisierenden Blick, wenn ich nach fünf Gängen, und es ist vielleicht nach Mitternacht, noch das Überraschungsdessert bestelle. Das macht ja heute praktisch keiner mehr. Du hast einfach Respekt vor meinem Talent als Esserin. Und das tut so gut!

Georgette Dee
Größte Diseuse Deutschlands

Beim Kochen mit ihm ist's wie mit der Liebe: Dabeibleiben ist das Geheimnis. Darin ist Dirk Bach ein Meister, den Früchten des Seins einen zauberhaften Geschmack abzugewinnen. Und so manchem Gemüse ebenso. Lecker Love, Georgette.

Anka Zink
Kabarettistin

Anka Zink und ich, als wir beid 1988 das Springmaus-Programm „Habe nun Acht" spielten

Im Augenblick ist es doch s Der Raucher macht die Zigarette dafür verantwortlich, wenn ihm ein Bein abfällt. Und irgendwann wird es soweit sein, dass ich ein Schwein verklagen kann, wenn ich dick werde. Und überhaupt: Warum sollen i Zeiten, in denen Brüste un Lippen aus Silikon bestehe nicht Frikadellen und Würs chen aus Soja sein!

Ralph Morgenstern
Schauspieler und Moderator

Ralf, bei einem authentischen Ami-Frühstück!

Ich bei einem leichten, späten Frühstück à la Florida. Dazu gehören, wenn man bei Dirk zu Gast ist, natürlich Fritten (oder wahlweise Bratkartoffeln) und viele leckere Würzsaucen. Man muss dazu sagen, dass ich mir dieses Frühstück natürlich selbst zubereitet habe. Dirk kocht im eigentlichen Sinne ja nicht selbst – er taut stattdessen seine vegetarische Tiefkühlkost auf und isst diese bevorzugt gebraten.

Hansjoachim Krietsch
Schauspieler

Vegetarisch essen ist ja ni so meine Sache. Aber bei Dirk kann ich trotzdem sic gehen, dass es – wenn so kein Fleisch dabei ist – tro dem schön deftig zu geht. Und wenn Kartoffeln und Sauce auf dem Teller liege bin ich ja schon glücklich!

Samy Orfgen
(alias Smörf)
Schauspielerin

Ich habe die Lizenz zum Frikadellen-Essen. Hä?! Ja, die hat mir Dirk schon vor Jahren erteilt. Genau wie zu Hella hat er auch zu mir gesagt: „Gehacktes kann man immer essen, das wächst auf Bäumen". Tja, und daran halte ich mich. Ah ja!? Nüsse sind übrigens auch seeeehhr zu empfehlen!!! Is klar!?

Lilo Wanders
Schauspielerin und Moderatorin

Als langjährige Expertin für Fleischeslust freue ich mich ganz besonders, dass es in diesem schönen Werk einmal NICHT um das Fleischliche geht. Und mit Dirk zusammen zu essen, ist an sich immer schon ein Fest. Es muss ja dabei auch nicht immer feste Nahrung sein! In diesem Sinne allzeit guten Appetit.

eorg Uecker
chauspieler und Moderator

eorg und Dirk mit ihrer „Will-
mmens-Käse-und-Obstplatte"
Board eines Disney-Cruise-
uzfahrtdampfers

t Dirk zu essen macht
aß. Weil er Genussmensch
d Vegetarier ist und in
nem prallen Hedonismus
dem Klischee aufräumt,
s das ein Widerspruch
n muss. Wenn ich Fleisch
e, ist er ein toleranter
etarier. Wenn ich rauche,
er ein toleranter Nicht-
cher. Wenn ich Cola
ke, ist er ein toleranter
dka-Trinker. Dirk ist über-
gt und meinungsfreudig.
r niemals dogmatisch.
d so sitzen wir da, der
ne, dicke Vegetarier und
große, dünne Alles-Esser
freuen uns über gutes
en – jenseits von schmal-
igem Verzicht, Diätzwän-
und Schuldgefühlen!

Mary Roos
Sängerin

Ich geb's ja zu – ich brauche schon hin und wieder ein Stück Fleisch auf meinem Teller. Aber für Dirk mache ich doch gerne eine Ausnahme. Hier hast du's schwarz auf weiß, lieber Dirk. Ich lade dich ein auf ein leckeres, selbst gemachtes und garantiert vegetarisches Dessert. In meinem Garten. Und der wird dann nicht nur mit Lampions geschmückt. Für dich würd ich sogar den roten Teppich ausrollen! Die Einladung steht also!

Thomas Hermanns
Entertainer

Hier wird Dirk von einem Boygroup-Mitglied über-rascht. Glitter and Glamour forever! Und natürlich essen Boygroup- Mitglieder nur vegetarisch, damit sie in den anstrengenden Detlef-D!-Choreografien auch fit sind!

Sabine Orléans
Schauspielerin

Für mich ist Dirk einfach mein **Bach**ant – mein ganz privater Dionysos!

Sonja Zietlow
Moderatorin

Mit Sonja im „Ich bin ein Star, holt mich hier raus"-Baumhaus

Essen... Essen ist Leiden-schaft! Manche Menschen behaupten sogar, Essen sei besser als Sex. Ich weiß nicht, ob ich diese Menschen für ihren Sex bemitleiden oder für Ihre Kochkünste bewundern soll.

Tommy Krappweis
Autor, Schauspieler und Regisseur

Ich bin leider kein begabter Koch – dafür kann ich ziemlich gut essen gehen. Also kann ich nur hoffen, Dirk macht bald mal ein Restaurant auf.

Bernd, das Brot
Brot

Ich hasse Gemüse. Ich hasse Fleisch. Ich hasse Fisch. Ich hasse Salat. Hab ich was vergessen?

u Hamacher
barin der „Lukas"-Familie

efleischte Teilzeit-Vege-
in, hier eingelegt in Kölsch

rjen!"

Lucy van Org
Sängerin und Schauspielerin

Lucy van Org, Autor Gerd Hoff-mann und Dirk bei Dreharbeiten

Kochen ist toll, denn Männer mit Bäuchen sind sexy.

Auf Reisen und außer Haus

COME ON – MIX IT, MIX IT!

Ich verreise gerne. Sobald ich auch nur einige Tage frei habe, juckt's mich unter den Fingernägeln und ich finde mich im Internet wieder auf der Suche nach interessanten Theater- und Musicalinszenierungen, die einen Kurztrip nach London, Amsterdam oder Antwerpen notwendig machen. Ich bin aber überhaupt gerne unterwegs. Und wenn nicht hier in Europa, dann in den USA, wo ich mindestens zweimal im Jahr bin.

Das heißt natürlich, dass ich ungemein viel fliege. Was jedoch in Sachen Inflight-Service – auch als Business-Reisender – für einen Vegetarier nicht immer ein Genuss ist. Sie können sich gar nicht vorstellen, in wie viele traurige Stewardessen-Gesichter ich schon geblickt habe. Traurig deshalb, weil es diesen reizenden Damen einfach peinlich war, welch erschreckendes Essen sie Vegetariern wie mir im Namen der jeweiligen Fluggesellschaft präsentieren mussten. Ich erinnere mich noch bestens an eine wirklich atemberaubend sympathische Lufthansa-Flugbegleiterin, die mir ernsthaft ihr eigenes, von daheim mitgebrachtes Hasenbrot anbot, weil sie es mir und sich nicht zumuten wollte, das eigentlich für mich vorgesehene „Vegetarian Menu" aufs Tablett zu stellen. Selbst sie musste bei dem Anblick dieses ungenießbaren, eiskalten Trockengemüse-Haufens weinen. Und dabei sind Flugbegleiterinnen ja eigentlich hart im Nehmen, wenn es darum geht, Unzumutbares und doch angeblich Essbares auf die Tabletts von Flugreisenden zu werfen.

Die Lufthansa hat sich zwischenzeitlich Vegetariern gegenüber ohnehin sehr unkooperativ eingestellt. Es ist noch gar nicht lange her, da konnten sie innereuropäisch Reisenden – egal ob in der Economy- oder Businessklasse – nicht garantieren, eine fleischlose Speise anbieten zu können. Das ist schon gegenüber Fleischverweigerern wie mir, die das aus freien Stücken tun, höchst unfair. Aber für Menschen, die aus religiösen Gründen oder aber kultur- bzw. herkunftsbedingt kein Fleisch zu sich nehmen, bedeutet dies doch eine regelrechte Ausgrenzung. Es scheint inzwischen viel Kritik diesbezüglich gegeben zu haben, denn der Kranichflieger hat sich in den letzten Monaten deutlich gebessert. Die britischen Airlines dagegen haben – wahrscheinlich ein Relikt ihrer Kolonialpolitik – sehr viel Verständnis für kulinarisch anders Denkende und Essende. Da wird man selbst auf Kurzstreckenflügen mit vegetarischen Goodies geradezu gemästet. Die größte Wonne ist es aber jedes Mal, mit asiatischen Airlines fliegen zu dürfen. Da ist die Auswahlfrage nicht nur „Chicken or beef?", da werden einem in der Regel noch derart viele vegetarische Varianten angeboten – eine leckerer als die andere –, dass einem schwindlig vor Augen wird.

Krasser Gegensatz: die Inlandsflüge in den Vereinigten Staaten. Für den kosmopolitischen US-Amerikaner scheint ein knapp vierstündiger Inlandsflug immer noch zur absoluten Kurzstrecke zu gehören. Denn während man uns verwöhnten Europäern schon auf einem 30-Minuten-Flug von Köln nach Paris mit Käsecroissants oder ähnlich

132 Auf Reisen und außer Haus

flugtauglichem Gebäck bewirft (so die gehetzten Flugbegleiter es schaffen, alle 150 extrem ausgehungerten und verdurstenden Passagiere zu bewirten), leidet man als Fluggast bei knapp 240-US-Inlandsminuten Hunger. Mit viel Glück gibt es eine alte Tüte Dörr-Erdnüsse und ein Erfrischungstuch, aber das muss dann auch schon reichen. Oft bleibt da nur der Griff zu hochprozentiger flüssiger Nahrung.

Selbst mit der tut sich der Amerikaner ja so manches Mal schwer. So erlebt auf dem International Airport von Atlantic City. Allein beim Anblick des Hundehütten-großen Terminalgebäudes mit seinen sage und schreibe zwei Gates hätte ich skeptisch werden sollen. Doch erst beim Besuch der Airport-Bar (dort konnte man aber ebenso Pflaster, Filzstifte und Flugtickets kaufen) offenbarte sich uns das wahre, wirklich internationale Flair dieses Mini-Flugplatzes. Als ich den Barkeeper um einen Cognac bat, verzog der nur ratlos das Gesicht und erklärte schließlich, er habe keinen Schlüssel für die alkoholischen Getränke und wisse sowieso gar nicht, wie man einen solchen „Cognac-Cocktail" zubereite.

Wie sehr habe ich mich damals danach gesehnt, möglichst schnell ein Flugzeug betreten zu können, um diese 500 Flughafen-Quadratmeter Genuss- und Hirndiaspora endlich hinter mir lassen zu können. Doch als ich dann den Flieger betrat, wusste ich, dass auch in den kommenden drei Stunden Verzicht und Darben angesagt war. An der Gangway raunte uns eine miesepetrige Flugbegleiterin, die viel zu oft eine Douglas-Filiale von innen gesehen hatte, ein von Raucherhusten verzerrtes „Hi Folks" zu. Und das war alles, was man von ihr zu sehen und zu hören bekam. Fast alles. Kurz vor dem Start brabbelte sie in einer sich mir nicht erschließenden Sprache die Sicherheitsvorkehrungen runter und verschwand dann im hinteren Teil des gut besetzten Flugzeugs, wo sie statt auch nur irgendwann mal ein Getränk oder ein kleines Sandwich vorbei zu bringen bis zur Landung nur Zeitschriften durchblätterte.

Einen ganz anderen Arbeitsehrgeiz haben ja die Mitarbeiter der australischen Fluglinien. Da ist von irgendwelchen Rationalisierungsgedanken nichts zu spüren. Im Gegenteil – ich konnte mir die Gesichter der wirklich vielen, höchst umsichtigen und liebenswerten Menschen gar nicht merken. Es waren einfach zu viele – und dann war auch jeder wieder für etwas anderes zuständig. Eine brachte Getränke, ein anderer das Glas, eine dritte wiederum das Eis. Und alle mit einer unerschütterlichen Seelenruhe, sodass ich immer dachte: Wie schaffen die bloß alles bis zur Ankunft? Sie haben's aber jedes Mal geschafft. Rechtzeitig. Und herrlich entspannt.

Selbst auf dem fünften Kontinent, wo – so scheint's – niemand auf seine tägliche Fleischration verzichten mag, bin ich auf der Suche nach Restaurants mit vegetarischen Alternativen immer fündig geworden. In Cairns habe ich sogar ein Outback-Frühstück entdeckt, für das ich als Nicht-Frühstücker wirklich alles stehen und liegen lassen würde: ein am Feuer zubereitetes Dumper-Brot mit pochierten Eiern, Kräutern und Sauce Béarnaise. Dazu frische Ananasstückchen und Mango. The best breakfast ever!

In der Regel hat man ja als Vegetarier die Speisekarten in Gaststätten schnell studiert, weil die meisten Restaurationen eh nur maximal eine Hand voll fleischloser Gerichte anbieten. Trotzdem sollte man stets auf der Hut sein. Auch wenn ein Restaurant viele vegetarische Gerichte anbietet, kann es mal zu kleinen Verwechslungen kommen. Nun muss man dazu sagen, dass ich in Australien schon vorher die schrägsten Pilze gegessen habe. Entsprechend war ich auch nicht skeptisch, dass mein Tellerchen mit undefinierbaren Bröckchen übersät war. Die hielt ich, mein vegetarisches Urvertrauen bemühend, für lustige Mushrooms, und biss beherzt in eine solche Kugel. Ich will Ihnen das, was jetzt passierte, ersparen. Nur so viel: die Pilze waren kleine Nierchen. Es hat mindestens fünf doppelte Wodka gedauert, den Geschmack dieses einen Bissens wieder loszuwerden. Hunger hatte ich dann keinen mehr. Aber um es mit den Worten meiner lieben Freundin Georgette Dee zu sagen: „Das bisschen, das ich esse, kann ich genauso gut trinken." Das tat ich dann auch erst mal.

Im Ausland bzw. auf Reisen bin ich ansonsten ein regelrechter Restaurant-Trüffelsucher. Schon im Vorfeld verbringe ich Tage im Internet, um möglichst ungewöhnliche und zugleich auch für Vegetarier geeignete Etablissements zu entdecken. Und meist habe ich da echt ein gutes Händchen. So bin ich vor einigen Jahren auf die „Wagamama"-Restaurantkette gestoßen, die Filialen u.a. in London, Amsterdam, Antwerpen und Sydney unterhält. Die Köche hier setzen auf so genannte Asian-Fusion-Küche (genannt „Positive Food"), zaubern unglaublich abwechslungsreiche Suppen, Nudel- und Gemüsegerichte und sind sowohl für Fleischfans als auch für Vegetarier eine Empfehlung. Und das auch noch zu äußerst vernünftigen Preisen. Das ist wirklich Fast-Food in leckerer und – erstaunlich für mich aber wahr – gesunder Vollendung. Ich kann den Tag nicht erwarten, da „Wagamama" auch in Köln eine Filiale eröffnet.

Unvergesslich auch meine Entdeckung eines Pfannkuchenhauses, das in einer alten Kirche in Brisbane errichtet worden war. Gut, der Laden war bestimmt seit den 1970ern nicht mehr grundgereinigt worden, so dass eine Freundin von mir aus Angst vor Bazillenbefall nur Fritten mit Sauce bestellte. Ich dagegen wurde mit königlichen Pancakes mit Spiegeleiern, darüber eine Béchamelsauce und gebratenen Bananen verwöhnt. Wen schert bei solchen Köstlichkeiten noch eine klebrige Resopal-Tischplatte und Spinnweben an der Wand.

Dank sorgfältiger Vorabrecherche habe ich auch in Memphis ein wie für mich geschaffenes Restaurant entdeckt. Das Besondere an diesem Laden war, dass man hier alles frittierte. Ob Fisch, Fleisch, Gemüse oder Kartoffeln. Selbst das Maisbrot landete erst in der Fritteuse und dann auf dem Teller. Einzig der Coca-Cola-Salat (ja, den hat man dort wirklich gereicht) blieb von dem heißen Fett verschont. Dafür hab ich ihn dann gegessen.

In jeder Hinsicht eine kulinarische Entdeckung für mich: Singapur. Der Asiate weiß eben, wie er uns Vegetarier glücklich macht. Erst recht im Jade-Fullerton-Restaurant, wo ich ein komplettes Acht-Gänge-Menü vorgesetzt bekam. Das mag per se noch nicht so spannend klingen. Unter anderem servierte man mir dort aber eine vegetarische Haifischsuppe und wirklich atemberaubende Veggie-Prawns. Ich weiß bis heute nicht, wie bzw. mit welch wunderbaren Dingen die Küchenfeen dort den Fleisch- bzw. Fischgeschmack rekonstruiert haben. Ich kann nur sagen – unglaublich!

Und dann war da ja noch das chinesische Neujahrsfest, das auch in Singapur als besonderer Tag begangen wird. Weder wusste ich, dass just dieser Tag vor Ort auch kulinarisch gefeiert wird, noch war mir klar, dass zu einem solchen Fest auch bestimmte Essensriten gehören. Ich werde wirklich nie vergessen, wie ich zusammen mit meinem Mann Thomas und meinem guten Freund Bernd (alias „die Holzi") an diesem Tag im Raffles-Hotelrestaurant saß. Schon während wir unsere Bestellung aufgaben, staunten die wieselflinken Kellnerinnen Bauklötze und tauschten ungläubige Blicke aus. Da wir großen Hunger hatten, orderten wir viele Gerichte von der Karte, nicht wissend, dass jedes einzelne gute und gern sechs Personen satt machen konnte.

Meine Holzi, die ja gerne viel Verschiedenes probiert, hatte letztlich Essen für bestimmt 24 Leute bestellt – das allerdings für sich alleine. Auch meine überbordend volle Gemüseplatte hätte für ein halbes Dutzend ausgehungerter Menschen gereicht. Zur Feier des Tages nun wurde das Essen am Tisch zubereitet und von überall her kam immer mehr Personal, um zu bestaunen, was wir dicken Europäer so alles essen würden. Irgendwann waren wir umzingelt von einem Dutzend grinsender und auf uns einredender Menschen, die allesamt auf unseren Tisch guckten. Allerdings wollten die nicht nur sehen, ob und wie's uns schmeckt, sie wollten wohl einer Art Glücksritual beiwohnen, das man mit dem Essen an diesem Tag veranstalten muss. Ich verstand nur, dass ich mit den Stäbchen alle Zutaten auf dem Teller möglichst gleichzeitig zu vermengen hatte, weil eine der aufgebrachten Damen des Restaurants immer schrill und laut „Mix it, mix it" rief. Aber irgendwie traute sich das niemand von uns dreien. Also riss uns die wortführende Kellnerin abrupt die Stäbchen aus der Hand und schleuderte dann das Essen mit den Stäbchen aufs Wildeste entschlossen durch die Luft. Dabei schrie sie wie eine Berserkerin immerzu „Mix it, mix it" und wies mich mit weit aufgerissenen Augen an, es ihr gleichzutun. Irgendwann habe ich dann mitgewirbelt. Weniger aus Angst davor, nunmehr kein „Glück" zu haben, sondern aus purer Furcht vor der aufgebrachten Suzy Wong. Das Gemüse flog wirklich durchs ganze Lokal, das Personal aber war zufrieden und strahlte. Und obwohl nach dem vielen „Mix it" der Teller halb leer war, habe ich dennoch nicht alles aufessen können. Es war immer noch eindeutig zu viel.

Ich mit meiner „Mix-it"-Königin Holzi.

FRENCH-ONION-SOUP

Meine Lieblingssuppe. Unglaublich aber wahr – ich habe die Suppe das erste Mal in einem amerikanischen Steak-House gegessen. Die Suppe war, neben einigen fiesen gesunden Salaten, die einzige vegetarische Speise auf der Karte. Sie hat aber auch vollkommen gereicht, denn sie ist reichhaltig und üppig, macht ausgesprochen satt und ist mittlerweile unangefochten meine Lieblingssuppe! Aber nur, wenn die Käsehaube mindestens einen Zentimeter dick ist.
Übrigens – als Vegetarier sollte man sich gerade in Restaurants immer rückversichern, ob der Suppenfond wirklich auch auf reiner Gemüsebrühe basiert!

6 große rote Zwiebeln
80 g Butter
2 EL Mehl
1 l Gemüsebrühe
Salz, Pfeffer
1/2 Baguette
500 g Gruyère-Käse

Die Zwiebeln schälen, in Ringe schneiden und in der Butter goldbraun braten. Mit dem Mehl bestäuben und die Gemüsebrühe dazugeben. Zugedeckt 30 Minuten köcheln lassen, dann mit Salz und Pfeffer abschmecken.
Das Baguette in Scheiben schneiden und im Toaster rösten. Die Suppe in Tassen füllen, mit den Brotscheiben bedecken. Gruyère-Käse grob raspeln, das Brot mit reichlich Käse bestreuen und im vorgeheizten Backofen oder unter dem Grill bei 200° C kurz überbacken.

Auf Reisen und außer Haus

GEFÜLLTER MOZZARELLA

Mozzarella ist für mich eigentlich das Speisekarten-Synonym für „Langeweile". Auch wenn man uns Vegetariern diesen blassen, geschmacksneutralen Käse immer und immer wieder unterjubeln will, ich kann ihm einfach nicht viel abgewinnen. Selbst Büffelmozzarella hat doch kaum Eigengeschmack. Und ein besonderer Augenschmaus ist dieser trist-weiße Ballen auch nicht gerade. Ich musste erst nach Singapur reisen, um festzustellen, dass diese Käsekugeln doch ein Gedicht sein können. Nämlich dann, wenn man sie mit diesem hinreißend kräuterigen Pesto füllt. Auf der Speisekarte tauchen sie dann als „Stuffed Bocconcini" auf.
Ein Geheimtipp des folgenden Rezepts ist übrigens auch die „rote" Variante: Die grüne Paprika durch eine süße rote Paprika ersetzen und zusammen mit dem Basilikum, dem Pesto und einigen der getrockneten Tomaten moussieren!

1 grüne Paprika
50 g Butter
1 TL Zucker
100 g frisches Basilikum
2 EL Pesto
4 Kugeln Mozzarella
1 Baguette, jeweils längs und quer halbiert
100 g getrocknete Tomaten
1/4 l Olivenöl
50 g Pinienkerne

Paprika waschen, putzen und kurz im Backofen erhitzen, bis die Haut Blasen wirft und sich ganz einfach abziehen lässt. Die geschälte Paprika in kleine Würfel schneiden. Butter zerlassen, Paprikawürfel darin anschwitzen. Mit Zucker bestreuen und karamellisieren.
Basilikum waschen, trockenschütteln. Einige Blätter zum Garnieren beiseite legen, den Rest fein hacken, zusammen mit dem Pesto zur Paprika geben und gut vermischen. Den Mozzarella etwas aushöhlen und die Masse hineinfüllen.
Die Baguettestücke anrösten, die getrockneten Tomaten klein schneiden und zusammen mit etwas Olivenöl auf dem Brot verteilen. Den gefüllten Mozzarella darauf legen. Die Pinienkerne anrösten und den Mozzarella mit den gerösteten Kernen und den Basilikumblättern garnieren.

HAMBURGER MIT COLESLAW

Dem Alternativburger sei Dank, kann auch ich immer Hamburger essen. Mittlerweile gibt es ja sogar schon fleischlose Cheeseburger-Bratlinge. Fragen Sie mich nicht, womit die gemacht werden, aber sie schmecken größtenteils wirklich hervorragend. Mittlerweile gibt es dutzende Anbieter dieser Burger – probieren Sie einfach aus, welche Ihnen geschmacklich am besten passen. Und dann hinein ins Junk-Food-Vergnügen.

Veggie-Burger schmecken übrigens auf der ganzen Welt anders – in England sind sie immer leicht indisch gewürzt, in Australien höchst interessant, weil mit Roter Bete statt Tomatenscheibe. Und in den USA habe ich schon manches Mal gedacht, man juble uns Vegetariern doch ein echtes Fleischpflanzerl unter, weil die Alternative so verblüffend nach Steakburgern schmeckte…

Für den Coleslaw:
1/2 Kopf Weißkohl
4–5 Karotten
1 Schalotte
Saft von 1 Dose Ananas
200 g Majonäse (siehe S. 19)
100 g Crème fraîche oder Sour Creme
1 EL Zitronensaft oder Essig
1 TL Zucker
1/2 TL Currypulver
1 Msp. Cayennepfeffer

Salz, Pfeffer
Ananasstücke (nach Belieben)

Für den Hamburger:
4 Hamburger-Brötchen
Öl
4 Dr. Nemec-Burger
1 Fleischtomate
1 große Gemüsezwiebel
4 Scheiben Cheddar-Käse
Ketschup, Majo (siehe S. 19), Senf

Für den Coleslaw den Weißkohl halbieren, den Strunk entfernen und fein raffeln. Die Karotten putzen, ebenfalls fein raffeln und unter den Kohl mischen. Die Schalotte schälen, würfeln und zusammen mit allen anderen Zutaten zum Kohl und den Karotten hinzufügen und unterrühren. Eine Stunde ziehen lassen.

Für den Burger die Brötchen im Ofen aufbacken oder toasten. Währenddessen in der Pfanne Dr. Nemec-Burger in Öl braten.

Fleischtomate waschen, Gemüsezwiebel schälen und beides quer in Scheiben schneiden. Die getoasteten Burgerbrötchen aufschneiden, mit je einer Tomatenscheibe, einem Burger, einer Zwiebelscheibe und einer Scheibe Käse belegen. Mit Ketschup, Majonäse oder Senf anrichten.

Den Coleslaw und selbst gemachte Pommes frites (siehe S. 69) als Beilage dazu reichen.

TOFU IN TERIYAKI-MARINADE

Tofu gruselt ja für gewöhnlich jeden. Selbst die eingefleischtesten Vegetarier, denn er schmeckt, wie schon mehrfach erwähnt, nach nix. Gerade aber die asiatischen Marinaden und Zubereitungsvarianten sind für Tofu der Hit. In Singapur habe ich fast jeden Abend einen anders eingelegten und dann gebratenen Tofu essen können – einer besser als der andere. Hier ist eine der leckersten Varianten.
Nur bitte beherzigen Sie folgenden Rat und verwenden Sie nie Seidentofu. Der schmeckt nämlich nach noch weniger als nichts und hat eine derart schlabberige Konsistenz, dass er hier zu Brei zerfallen würde.

Für die Marinade:
3 EL Sake (Reiswein)
4 EL Mirin (süßer Reiswein)
2 EL Zucker
4 EL Sojasauce

400 g Tofu
1 EL Pflanzenöl
160 g Weißkohl
2 Möhren
1/4 Salatgurke
Salz, Pfeffer
Zitronenmelisse

Aus Sake, Mirin, Zucker und Sojasauce die Teriyaki-Marinade herstellen und den Tofu eine Stunde darin einlegen. Dann Tofu quer in dünne Scheiben schneiden, in der Pfanne in Pflanzenöl anbraten und mit der Marinade aufgießen. So lange einkochen lassen, bis die Sauce eine honigartige Konsistenz angenommen hat.
Weißkohl und Möhren waschen und in feine Streifen schneiden. Die Gurke längs ebenfalls in feine Streifen schneiden. In einem Schälchen anrichten und mit Salz und Pfeffer würzen.
Den gebratenen Tofu mit der Marinade auf einem Teller warm servieren.

MARINIERTER ZUCCHINISALAT
MIT ERDNÜSSEN UND CHILI

Zucchini ist auch ein so ein Gemüse, das sich mir nie so ganz erschloss. Ich wusste ewig lange nicht, was eine Zucchini genau ist und wie die wirklich schmeckt. Und dann habe ich sie auch oft mit anderen Gemüsesorten verwechselt, weil eine Zucchini ja nicht wirklich unverwechselbar schmeckt. Bis man mir irgendwann mal im Urlaub diesen Salat vorgesetzt hat, der mich schon allein der würzigen Marinade wegen total umgehauen hat.

2 rote Chilischoten
2 Knoblauchzehen
350 g Zucchini
2 EL Erdnussöl
120 g Erdnüsse
100 g Kirschtomaten
1 Bund Koriander
2 TL Zucker
Salz, Pfeffer

Chili putzen, Knoblauch schälen und beides klein schneiden. Zucchini waschen und in Streifen schneiden.
Das Öl in einen Wok geben und erhitzen. Erdnüsse ca. 2 Minuten anrösten, dann Chili, Knoblauch und Zucchini dazugeben.
Tomaten waschen und halbieren. Koriander waschen, trockenschütteln und klein hacken. Beides unter den lauwarmen Salat mischen und mit etwas Zucker, Salz und Pfeffer würzen.

AUBERGINENGEMÜSE MIT OKRA UND HACKSTEAK

Danke für das Geschenk der Multikulti-Gesellschaft. Wegen mir sollten noch viel mehr freundliche Menschen aus aller Herren Länder zu uns nach Deutschland kommen, so lange sie herrliche Gewürze, ausgefallene Rezepte und tolle Kochideen im Gepäck haben. Erst recht, wenn es ihnen dann auch noch gelingt, mich z. B. für Auberginen zu erwärmen. Die fand ich früher nur deshalb nett, weil mich ihre Form an Barbapapa erinnerte. Seit diesem Rezept ess ich sie auch gerne!

300 g Okraschoten
Salz
3 EL Sherry-Essig
2 Zwiebeln
300 g Auberginen
3 Tomaten
Öl
1 Bund frischer Koriander
Pfeffer
2 EL Pflanzenöl
4 Veggie-Hacksteaks von Viana

Okraschoten gut waschen und die Spitzen vorsichtig abtrennen. Die Schoten dürfen dabei nicht beschädigt werden, es darf kein Saft auslaufen. 1 EL Salz und Sherry-Essig auf einen Teller geben. Jede Okra mit dem Kopf voran in die Mischung tauchen und anschließend in einen Topf geben.
Zwiebeln schälen, Auberginen waschen und beides in dünne Scheiben schneiden. Tomaten kreuzweise einritzen, kurz in heißes Wasser tauchen und häuten. Fruchtfleisch hacken und zusammen mit Zwiebeln, Auberginen und Okras in einen Topf mit etwas Öl geben. Den Koriander fein hacken und untermischen. Mit Salz und Pfeffer würzen. Zwei Tassen Wasser angießen und auf kleiner Flamme gar köcheln lassen, bis die Okraschoten weich sind. Nicht umrühren, den Topf nur ab und zu leicht schütteln. Die Hacksteaks in Pflanzenöl braun braten und mit dem Gemüse servieren.

Auf Reisen und außer Haus

WODKA-PENNE

Das Gericht, das definitiv für mich erfunden worden ist. Entdeckt in einem Restaurant mit Namen „Michelangelo's" in Singapur. Für mich als alten Wodkafan das Pastagericht überhaupt. In den USA gibt es diese leckere Sauce übrigens schon fertig zubereitet im Glas – z. B. von Paul Newman, dessen Pastasaucen ohnehin sehr zu empfehlen sind. Die schmecken nicht nur grandios, weil nur aus höchst gesunden und zusatzfreien Produkten hergestellt. Man tut zudem auch Gutes, wenn man die Saucen kauft, weil der gesamte Profit der Newman-Lebensmittel an Charity-Einrichtungen weitergeleitet wird. Newmansaucen gibt es mittlerweile auch in ausgewählten hiesigen Läden.

400 g Penne
1 Zwiebeln
50 g Butter
50 g Zucker
4 EL Wodka
4 Tomaten
1 EL Tomatenmark
1 Orange
1/4 l Crème fraîche
Salz, Pfeffer
100 g Parmesankäse

Penne in Salzwasser al dente kochen und beiseite stellen.
Zwiebel schälen, klein hacken und in Butter anschwitzen. Dann mit Zucker bestreuen und karamellisieren lassen. Den Wodka dazugeben und das Ganze flambieren.
Tomaten kreuzweise einritzen, kurz in heißes Wasser tauchen und häuten. Das Fruchtfleisch entkernen, klein schneiden und in die Sauce geben. Das Tomatenmark unterrühren.
Die Orange filetieren und zusammen mit der Crème fraîche zur Sauce geben. Mit Salz und Pfeffer würzen.
Die Penne in einem tiefen Teller anrichten, Sauce darauf verteilen und frischen Parmesankäse darüber reiben.

COUSCOUS MIT SCHARF GEWÜRZTEN FLEISCHBÄLLCHEN

Ein armes Couscous darf niemals allein auf einem Teller sein. Das braucht meiner Meinung nach immer ein schönes Fleischersatzprodukt an seiner Seite – wie zum Beispiel scharf angebratene vegetarische Hackbällchen. Erst dann kommt es so richtig zur Geltung und schmeckt auch gut.

Diesen wichtigen Rat darf sich auch so manche Fluggesellschaft zu Herzen nehmen. Dort ist es nämlich leider Gang und Gäbe, Couscous entweder kahl und einsam zu servieren oder aber – auch nicht gerade eine Gaumenfreude – trocken neben kaltem Grillgemüse zu drapieren. Da möchte man dann eigentlich nur weinen. Und hungern. Und schnell wieder aussteigen!

150 g getrocknete Kichererbsen
500 g feiner Couscous
8 große Tomaten
Olivenöl
Salz, Pfeffer
1 TL Cayennepfeffer
1/2 TL gemahlener Kreuzkümmel
1 EL Zitronensaft
2 Stangen Staudensellerie
500 g Dr. Nemec-Fleischbällchen, scharf gewürzt
1 EL Butter

Kichererbsen über Nacht in reichlich Wasser einweichen, am nächsten Tag die Hülsen entfernen.

Couscous in einem Tuch über Wasserdampf garen, zwischendurch immer wieder mit einer Gabel auflockern.

Tomaten waschen, in grobe Stücke schneiden und in 1 EL Olivenöl andünsten. Mit Salz, Pfeffer, Cayennepfeffer und Kreuzkümmel würzen. Die Kichererbsen dazugeben und alles mit Zitronensaft mindestens 20 Minuten köcheln lassen.

Sellerie putzen und in Streifen schneiden.

Die Fleischbällchen in 1 EL Olivenöl scharf anbraten, zusammen mit dem Sellerie zur Tomatensauce geben und 15 Minuten weiterköcheln lassen. Etwas Butter unter den fertigen Couscous mischen.

Mit kaltem Jogurt-Minze-Dip (siehe S. 21) servieren.

GEMÜSEPAELLA

Bei Reis scheiden sich die Geister in unserem Haushalt. Mein Mann nennt ihn despektierlich „China Pommes", ich dagegen bin eine große Freundin dieser Hülsenfrucht. Gerade die Paella entspricht ja sehr meinem Wunsch nach „Kochen nach Farben" – und meinem Bestreben, nichts verkommen zu lassen, sondern immer alle noch verwertbaren Lebensmittel in einer köstlichen Speise zu verarbeiten. Trotzdem war Paella für mich lange Zeit ein Tabu, weil ich damit gedanklich immer Fleisch oder Fisch verband. Wussten Sie beispielsweise, dass die „schwarze Paella" mit Tintenfisch-Tinte eingefärbt wird? Die gibt so ein armer Oktopus bestimmt nicht ganz freiwillig ab!
Wenn also Paella, dann bitte fleischlos wie in diesem hübschen Rezept. Wobei ich mir dafür ja immer noch ein paar „Chicken-Style"-Veggie-Fleischsstücke brate und damit die Paella veredle.

Olivenöl	100 g Möhren
250 g Schnitzel oder Hühnerschnitzel	100 g Erbsen (TK)
von Viana oder Dr. Nemec	2 Fleischtomaten
100 g grüne Bohnen	Salz, Pfeffer
100 g Paprika	1/2 l Gemüsebrühe
100 g Zucchini	400 g Paellareis
100 g Aubergine	Einige Fäden Safran

Olivenöl in einer großen Pfanne erhitzen. Das Fleisch in Streifen schneiden und scharf anbraten. Herausnehmen und beiseite stellen.
Bohnen, Paprika, Zucchini, Aubergine und Möhren waschen, putzen, zerkleinern und zusammen mit den Erbsen in der Pfanne in Olivenöl anbraten. Die Fleischtomaten kreuzweise einritzen, in heißes Wasser tauchen, enthäuten und das Fruchtfleisch in grobe Würfel schneiden. Zum restlichen Gemüse geben, mit Salz und Pfeffer abschmecken, die Brühe angießen und alles 15 Minuten köcheln lassen. Dann den Reis einstreuen. Safranfäden mit dem Daumen in der Handfläche zerreiben und hinzufügen.
Das Ganze 20–30 Minuten offen sanft köcheln lassen, ohne umzurühren, bis der Reis die Flüssigkeit aufgenommen hat. Idealerweise bildet sich am Boden der Pfanne eine Kruste, die besonders schmackhaft ist. Ca. 10 Minuten vor Garzeitende die Fleischstreifen auf der Paella verteilen und mit erwärmen.
Dazu Aioli (siehe S. 19) reichen.

ZWEIERLEI KARTOFFELN MIT KÄSE ÜBERBACKEN

Kartoffeln sind immer köstlich und großartig. Auch wenn ich über Jahre ausschließlich die Salzkartoffel und die Fritte als Darreichungsform kannte, war ich schon immer ein Kartoffelfan. Meine wunderbare Kollegin Mechthild Großmann aber war es, die mir irgendwann mal gebackene Kartoffeln auf dem Blech servierte. Ein Gaumen- und Augenschmaus zugleich, denn Mechthild hatte neben „normalen Knollen" auch die orangefarbenen Süßkartoffeln gebacken. Eine Offenbarung für mich.
Die Australier – seit „Ich bin ein Star, holt mich hier raus" meine besten Freunde – sind uns Deutschen um Längen voraus. Bei denen ist die Süßkartoffel derart in den Küchenalltag integriert, dass es sie in allen erdenklichen Zubereitungen gibt – püriert, frittiert, als Pommes oder Bratkartoffel etc. Aber fangen Sie doch erst mal mit diesem Rezept an – dann kommen Sie garantiert auf den Süßkartoffelgeschmack!

300 g Süßkartoffeln
300 g festkochende Kartoffeln
Salz
Kümmel
Olivenöl
2 Zwiebeln
1 Knoblauchzehe
Salz, Pfeffer
Muskatnuss
200 g geriebener Gouda
200 g geriebener Emmentaler

Beide Kartoffelsorten waschen und mit Schale in Salzwasser mit etwas Kümmel kochen. Die gegarten Kartoffeln längs in Hälften schneiden. Eine Auflaufform mit Olivenöl bestreichen.
Zwiebeln und Knoblauch schälen, klein hacken und in der Auflaufform verteilen. Die Kartoffeln mit der Schnittfläche nach oben hineinlegen. Mit Salz, Pfeffer und geriebener Muskatnuss würzen.
Den Gouda auf die Süßkartoffeln, den Emmentaler auf die Pellkartoffeln verteilen und im vorgeheizten Backofen bei 200° C Oberhitze 10–15 Minuten gratinieren.

Auf Reisen und außer Haus **153**

MAISMUFFINS MIT WARMER KRÄUTERBUTTER

Muffins an sich sind mir – auch wenn das aus meinem Munde überraschend klingt – oft zu gewaltig. So viel Teig und so wenig geschmackliche Überraschung. Hier die überwältigende Ausnahme: Maismuffins. Die sind irgendwie lockerer und nicht so schwer wie „normale" Muffins. Und mit zerlassener Kräuterbutter übergossen ein wahrlich vortreffliches Gericht. Optimal als Frühstück geeignet. Erst recht, wenn man einen Kater hat.

Für die Muffins:
350 g Maismehl
125 g Mehl
1/2 TL Natron
1/4 TL Salz
1/4 TL getrockneter Salbei
1/4 TL Kreuzkümmel
2 Eier
1 EL brauner Zucker
1 EL Öl

1/4 l Buttermilch
150 g geriebener Käse

Für die Kräuterbutter:
1 Bund gemischte Kräuter
1 Knoblauchzehe
250 g Butter
Salz, Pfeffer, Cayennepfeffer
Saft von 1/2 Limone

Das Maismehl, Mehl, Natron, Salz und die Gewürze in einer großen Schüssel mischen. Die Eier in einer zweiten Schüssel leicht verquirlen. Zucker, Öl und Buttermilch zu den Eiern geben, vermischen. Die Mehlmischung hinzufügen und gut verrühren.
Ein Muffinblech einfetten. Den Teig bis zu zweidrittel Höhe in die Mulden einfüllen und mit dem geriebenen Käse bestreuen.
Im vorgeheizten Backofen bei 180° C 20–25 Minuten goldgelb backen. Die Muffins aus dem Backofen nehmen, noch ca. 5 Minuten in der Form ruhen lassen, dann herausnehmen.
Für die Kräuterbutter die Kräuter waschen, trocknen und fein hacken. Knoblauch schälen und zerdrücken. Butter in einem Topf schmelzen lassen, Kräuter und Knoblauch hinzufügen und mit Salz, Pfeffer, Cayennepfeffer und etwas Limonensaft abschmecken.
Die Muffins auf einem Teller anrichten und mit der Kräuterbutter servieren.

BIRNEN-CRANBERRY-GRATIN

Roh bzw. einfach so essen mag ich ja weder Birnen noch Cranberrys. Mit allen anderen Darreichungsformen kann man mich sehr beglücken. Mit einem herrlichen Gratin erst recht!

4 Birnen
3/4 l Weißwein
2 Vanilleschoten
2 Zimtstangen
2 EL Honig
200 g Cranberrys
1 Bund Zitronenmelisse
200 g Himbeeren
1/8 l Himbeergeist
6 Eigelb
200 g Zucker
Saft von 1/2 Limone
20 g gemahlener Zimt
4 Kugeln Zitroneneis

Birnen halbieren, schälen und entkernen. 1/2 l Weißwein mit Vanilleschoten, 1 Zimtstange und Honig aufkochen. Birnenhälften und Cranberrys dazugeben, mitkochen und dann aus dem Fond nehmen. Die Zitronenmelisse waschen, klein hacken und zusammen mit den Himbeeren zu den restlichen Früchten geben. Himbeergeist zufügen und alles marinieren. Dann die Früchte mit etwas Fond auf 4 tiefe Teller oder Schalen verteilen.
Für die Gratinmasse Eigelb und Zucker schaumig schlagen. Restlichen Weißwein, 1 Zimtstange, Limonensaft und gemahlenen Zimt dazugeben und im heißen Wasserbad aufschlagen. Wenn die Masse zu stocken beginnt, über die Früchte geben und unter dem Grill 7–10 Minuten goldgelb backen.
Mit einer Kugel Zitroneneis servieren.

REZEPTREGISTER

Apfelträume à la Dirk 123
Apple-Pie 90
Auberginengemüse mit Okra und
   Hacksteak 145
Aufläufe 54, 55
Avocado-Limonencreme 20
Bayerische Creme mit Himbeersauce 120
Birnen-Cranberry-Gratin 156
Birnenquiche (herzhaft) 57
Birnenquiche (süß) 58
Buchweizenpfannkuchen 119
Chili con Veggie-Carne à la Dirk 76
Couscous mit scharf gewürzten Fleisch-
   bällchen 149
Cranberry-Orangen-Dip 24
Crêpes 108
Curry-Koriander-Mango-Chutney-Dip 22
Currywurst mit Pommes frites 69
Dal – Indische Linsensuppe 35
Erdnuss-Dip 20
Fajitas mit Portobello-Pilzen 104
Falafel mit Salsas, Zaziki und Jogurt-Minze-
   Dip 87
Fliederbeerensuppe mit Grießklößchen 101
French-Onion-Soup 137
Gefüllter Mozzarella 138
Gemüsecurry rot und grün 84
Gemüsepaella 150
Gnocchi mit Salbeibutter und Pinienkernen 53
Gurken in Senf-Sahne-Sauce 50
Hamburger mit Coleslaw 140
Jelly-Shots mit Wodka 124
Jogurt-Minze-Dip 21
Kartoffeln mit Käse überbacken 153
Kartoffelpüree mit Sauerkraut in zwei
   Varianten 78
Kartoffelsalat 72
Kartoffelsuppe mit Veggie-Wurst 79
Käse-Dip 22

Käse-Lauch-Flammkuchen 113
Käsefondue 111
Ketschup 19
Kräuter-Jogurt-Dip 21
Mais-Tomatensuppe mit Walnusssahne-
   haube 117
Maiskolben mit Pilz-Erdnusscreme 81
Maismuffins mit warmer Kräuterbutter 155
Majonäse 19
Mussaka 48
Nacho-Salat mit Kidneybohnen 82
Nudeln mit Tomaten-Nuss-Sauce 38
Orangen-Möhrensuppe mit Ingwerrahm 98
Pizza mit Birne, Gorgonzola, Nüssen und
   Rucola 114
Risotto in zwei Varianten 47
Romesco-Salsa 25
Rucola-Birnen-Käsesalat 102
Salat-Dressing 23
Schaschlik aus mariniertem Tofu 70, 71
Senf-Eier 109
Spaghetti Bolognese mit Gemüse-Tomaten-
   sauce und Veggie-Hack 67
Spaghettini mit Limonencreme 40
Spinat in Blue-Cheese-Creme 49
Spinatlinsen mit Minze und Jogurt 107
Tabbouleh 39
Thailändischer Nudelsalat aus dem Wok 109
Tofu in Teriyaki-Marinade 142
Udon-Nudeln mit Nüssen und Früchten im
   Wok 43
Veggie-Frikadellen mit Möhren gutbürgerlich
   32
Wodka-Penne 146
Zaziki 23
Ziegenkäse auf Reibeküchlein 44
Ziegenkäse auf Rucola mit Pfeffer-Mango-
   Creme 56
Zucchinisalat mit Erdnüssen und Chili 144

FLEISCHERSATZPRODUKTE

Dr. Heinrich Nemec – www.just-natural.de
Veggie-Hack, Würstchen, Räucherwürstchen, Schnittwurst, Schnitzel und Convenience-Produkte wie Cheeseburger, Cordon Bleu, Fleischbällchen und Grillburger. Produkte ausschließlich im Online-Versand erhältlich.

Viana – www.viana.de
Reiche Auswahl an Fleischersatzprodukten – Gehacktes und Hacksteaks, Würstchen, Aufschnittwurst, Convenience-Produkte wie Wiener Weizen Schnitzel, Chicken Mack Nuggets oder Pfannen Gyros. Im Online-Versand sowie im Biohandel erhältlich.

Eden und Granovita – www.eden.de, www.granovita.de
Würstchen, diverse andere Fleischersatzprodukte von Eden sowie eine reiche Auswahl von vegetarischen Brotaufstrichen und Würsten. Produkte im Reformhaus erhältlich. Kein Online-Versand.

Tivall – www.tivall.de
Vegetarische Burger, Schnitzel, Klößchen, Nuggets, Würstchen und Convenience-Produkte im Lebensmitteleinzelhandel und im Biohandel erhältlich. Kein Online-Versand.

Tartex + Dr. Ritter – www.tartex.de, www.dr-ritter.de
Vegetarische Brotaufstriche, vegetabile Pasteten und vegetarisches Schmalz in verschiedenen Geschmacksrichtungen. Produkte im Reformhaus erhältlich. Kein Online-Versand.

BioSmile – www.fitfood.be
Vegetarische Wurstaufschnitte. Erhältlich im Lebensmitteleinzelhandel. Kein Online-Versand.

FitFood – www.fitfood.be
Zahlreiche Fleischersatzprodukte wie Burger, Grillwürstchen, Veggie-Hack, Hacksteaks, Currygerichte sowie vegetarische Aufschnittwurst. Erhältlich im Lebensmitteleinzelhandel. Kein Online-Versand.

Vegetaria, Eyckeler & Malt – www.eyckelermaltag.de
Diverse Convenience-Produkte mit Fleischersatzprodukten von Lasagne bis Gyros. Erhältlich im Lebensmitteleinzelhandel. Kein Online-Versand.

DANKSAGUNG

Dirk Bach dankt dem besten Ehemann von allen für seine Existenz,
der Mutti, ohne die es dieses Kochbuch nicht gäbe
und der Uli und der Holzi für den Rest.

Danke an alle Freunde und Kollegen, die dieses Buch mit wunderbaren Anekdoten, Zitaten und
Bildern veredelt haben.

Für weitere Fotos ein großes Dankeschön an:
Holger Scheibe, Stella Entertainment, Hans-
Jürgen Holter, Andreas Janczyk, Oliver Eder,
Max Kohr, Shaofang Kruse, Elmar Herr und
Klaus Marschall von der Augsburger Puppen-
kiste, Udo Hesse, Jens van Zoest, Jim
Rakete, Viktor Vahlefeld, Volker Glasow,
Daniel von Johnson, Christel Becker-Rau,
Magdalena Hermanns, Stefan Menne, Caro-
line Otteni und Bernd Lammel.

Dirk Bach, der Verlag und das gesamte Team
danken ganz herzlich folgenden Personen,
Firmen und Institutionen für die freundliche
Unterstützung:

Restaurant Graf Everstein, Susanne und
Uwe Multhoff, Polle

Silvia Masur, Köln

Für Requisite:
Porta Möbel, Frechen
May Wohnen, Essen
Leonardo
Koziol
Food-Foto Köln

Für die großzügige Bemusterung mit fleisch-
losen Produkten:
Just Natural – Dr. Heinrich Nemec, Frau Anja
Nemec, Groß-Gerau
Granovita GmbH und Eden Waren GmbH,
Lüneburg
Tartex + Dr. Ritter GmbH, Freiburg
Tivall Europe B.V., Düsseldorf
Viana/Tofutown, Wiesbaden

Handelshof Kanne, Detmold

Für die Bartagamen:
Jeanine Gerhard und Torsten Kochems,
Erftstadt
Claudia Bettray, Köln (Recherche)

Für das DTP-Composing S. 60, 61
und 130, 131: Maria Schulz, Köln

Für die Serviettenzeichnungen S. 96, 97:
Stefanie Pusch, Köln

Für das Schweinchen-Foto S. 11:
Filmtierschule Zimek, Tatjana Zimek, Minfeld

Für Lithoarbeiten und Farbproofs:
Klaussner Medien Service GmbH, Köln

Für grafische Unterstützung S. 5 und
126–129: Malzkorn Kommunikation &
Gestaltung GbR, Köln